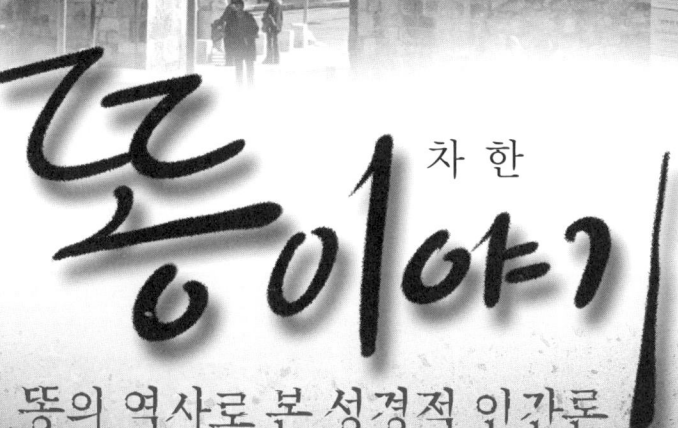

똥이야기

차 한

똥의 역사로 본 성경적 인간론

똥이야기

초판1쇄 인쇄   2007년 9월 20일
초판2쇄 발행   2011년 4월 11일
개정판1쇄 발행 2025년 5월 21일

지은이 차 한
발행인 이왕재
펴낸곳 라온누리
주 소 03082 서울시 종로구 대학로 7길 7-4 1층
전 화 02-3673-3421~2
팩 스 02-3673-3423
홈페이지 www.healthlife.co.kr
이메일 healthlife@healthlife.co.kr
등 록 제 300-2004-27호
총 판 예영커뮤니케이션
전 화 02-766-7912
팩 스 02-766-8934
정 가 10,000원

ⓒ도서출판 건생 2025
ISBN 987-89-86767-63-6 03230

'라온누리'는 도서출판 '건생'의 새로운 출판 브랜드입니다.
본서의 성경구절은 '그리스도 예수 안에'에서 출간된《흠정역 성경》에서 인용하였습니다.

똥 이야기
the Story of Dung

Contents
the Story of Dung

- 추천의 글 ---------------------------- 6
- 감사의 글 ---------------------------- 8
- 1장/ 똥 싸기 ------------------------- 13
- 2장/ 똥 태우기 ----------------------- 37
- 3장/ 똥이 된 사람 -------------------- 61
- 4장/ 똥을 안 사람 -------------------- 79
- 부록/ 보혈, 장내 세균, 방귀 ----------- 101

사랑하는 믿음의 아우 차 한 박사가 또 다시 귀한 글을 썼다기에, 설레는 마음으로 원고를 받아들었다. 많은 독자들이 아시다시피 이미 차 박사는 '성경으로 세상보기' 라는 책을 통해서 성경적으로 날카롭게 세상사를 들여다 본 바가 있기 때문이다.

차 한 박사의 이번 책 '똥 이야기' 는 의사인 그의 전공이 소아청소년과 중에서도 소화기이기 때문에 당연히 쓸 수 있는 글이라 생각하였는데, 책을 쓸 생각을 하였다면 얼마나 중요한 내용들이 담겼을까 하는 생각이 들었다. 아울러 추천자 역시 인간의 고형 배설물인 똥에 대한 관심이 많아서 내심 기대가 매우 컸던 터이기에 어떠한 얘기가 전개될지 사뭇 궁금하였다.

역시 받아 든 원고에는 나름대로 오랜 기간 똥에 대해서 공부하고 관심을 가져온 추천자조차도 잘 모르는 귀한 내용들이 호기심을 충족시키기에 충분하였다.

그런데 또 이것이 웬일인가? 냄새나고 지저분할 뿐 아니라 그저 배설물에 지나지 않는 똥에 대한 전문가로서의 의학적 지식들이 추천자의 호기심을 충족시켜 갈 즈음에 이야기는 성경으로 향하고 있지 않은가?

똥 이야기를 하려면 역시 먹는 음식 이야기를 빼 놓을 수 없으니 성경 속 인물들의 음식에 대한 이야기(예컨대 노아 홍수 이전에는 채식을 주로 했으나 홍수이

추천의 글

후 육식이 시작된 점 등)로 시작하여 똥의 변천에 대해서 전문가적 고찰을 하고 있다.

똥을 말렸을 때 무게의 60%를 차지하는 세균이야기나 똥의 용도, 똥 버리기 등의 이야기를 통해서 언급되던 성경 속 똥에 대한 이야기들이 급기야는 지은 죄의 속죄를 위한 '죄헌물(sin offering)'에 이르게 되는데, 죄헌물인 수소가 궁극적으로는 가죽, 고기, 머리, 다리, 내장까지 다 태워져야 하는 것에 대한 의미를 성경적으로 날카롭게 해석을 하는 즈음에 이르러, 책은 절정에 다다르게 된다.

철저하게 버려질 수밖에 없는 배설물인 똥 이야기를 성경 속의 인물들과 사건들을 통해서 보혈에까지 연결시키는 저자의 해박한 성경지식과 영감은 그 누구라도 흉내 낼 수 없는 차 한 박사만의 고유 세계임을 또 다시 세상에 널리 알리고 있다.

하나님의 신실한 자녀로 말씀을 통해서 하늘나라를 간접 체험하기를 원하는 사람이라면 차 한 박사와의 만남을 적극 추천하고 싶다. 앞서의 '성경으로 세상보기'와는 또 다른 차원에서 하늘나라의 귀한 비밀을 이 책이 선사하고 있음을 온 천하에 알리고 싶다.

−서울의대 교수 이왕재

먼저 이 책이 나오는 데 중요한 단초를 제공해 준 미 해병대 대령 러셀 스미스 형제에게 감사를 드린다. 용산 캠프에서 이라크로 간 뒤에도 약속된 선교헌금을 꼬박꼬박 챙겨 보내는 그 신실한 형제와 함께 성경 말씀을 나눌 기회를 갖지 못하였다면 이 책은 기획되지도 못했을 것이다.

필자가 출석하고 있는 용산 뱁티스트 처치의 담임목사 데이빗 루이스 형제에게도 감사를 드린다. 필자에게 한국어 성경공부를 맡아 가르칠 수 있도록 배려해준 루이스 목사로 인해 이 책의 뼈대가 되는 4주간의 똥 성경공부가 이뤄질 수 있었다.

또 수년간 성경공부를 같이 하면서 필자를 위해 늘 기도하고 격려와 사랑을 아끼지 않는 용산 뱁티스트 처치의 멤버들에게도 심심한 감사를 드린다. 이분들의 뜨거운 성원이 없었다면 출간은커녕 성경교사의 직책도 감당할 수 없었을 것이다.

특별히 매 성경공부 시간마다 타이핑을 하며 가끔씩 따끔한 조언도 해주는 나의 사랑하는 아내 김윤미 자매에게도 지면을 통해 감사를 표하고 싶다. 아내의 깊은 헌신과 섬김이 있었기에 이 책이 엮어질 수 있었음을 고백한다.

감사의 글

이 똥 이야기를 감수하면서 이 책이 더욱 돋보이도록 추천사를 써준 서울의대 교수 이왕재 형에게도 진심으로 감사를 드린다. 왕재 형과 함께 이십 년 가까이 문서선교를 해온 인생 여정이 있었기에 필자가 감히 출간이라는 만용을 부릴 수 있었다.

아울러 실제적으로 이 책의 출간에 도움을 준 모든 분들에게도 두루 감사의 마음을 전하고 싶다. 디자인을 해준 김재욱 형제, 사진을 찍어준 이승범 형제, 건생 편집부의 이승훈 형제, 이지영 자매, 백경화 자매, 그리고 인쇄비를 지원해준 이창연 형제 등, 이 모든 분들의 수고와 사랑으로 똥 이야기가 세상에 나오게 되었음을 밝히고자 한다.

마지막으로 하나님의 무한하신 긍휼과 은혜로 인해 이 모든 도움의 손길들이 모아질 수 있었음을 고백한다. 따라서 이 똥 이야기를 통하여 오직 하나님께로만 영광과 존귀가 올려지고 많은 영혼들이 길과 진리와 생명 되신 예수 그리스도께로 인도되길 간절히 기도한다.

―저자 차 한

라온누리는 우리말 '라온' (즐거운, Joyful)과 '누리' (세상, World)의 합성어로
하나님의 사랑과 생명으로 가득찬 세상,
Joyful World를 꿈꾸는 도서출판 건생의 새로운 출판 브랜드입니다.

본서의 성경구절은 '그리스도 예수안에'에서 출간된
〈흠정역성경〉에서 인용하였습니다.

PART 1
똥 싸기

똥 | 성경 속 인물들의 똥 | 똥의 용도 | 똥 버리기

천년왕국에 들어가 살게 될 사람들의 경우에는 밝은 갈색변을 주로 보게 되며 똥의 양도 늘어나게 될 것이지만, 피조물이 썩음의 속박에서 해방되기 때문에 곧 해로운 장내 세균이 사라지기 때문에 역겨운 똥 냄새는 거의 풍기지 않게 될 것이다.

하나님께서는 온 우주 만물을 창조하실 때
장내세균 및 다른 박테리아들을 함께 창조하셨을까?
아마도 하나님께서 우리 몸에 이로운 박테리아는
아담과 이브가 타락하기 전에 창조해 놓으셨을 것이다.
그러나 우리에게 해로운 박테리아들은
아담의 타락 직후에야 생기게 되었을 것이다.

똥에 대한 관심은 굳이 프로이드의 말을 빌리지 않더라도 누구나 유아기부터 갖게 되는 자연스런 인간의 본능이다. 필자의 경우에도 그랬지만 똥 싸기는 어린 아이가 태어나서 부모에게 줄 수 있는 첫 번째 기쁨이 되기도 한다.

아울러 소꿉장난 하면서 나누는 코흘리개들의 대화에서도 그렇고 나름대로 세련된 교양인으로 살아가는 지성인들의 수사(rhetoric)에서도 똥에 관한 얘기는 우리의 이성과 감성을 극대화시켜준다.

따라서 이제 필자는 이렇게 인생전반에 걸쳐 훌륭한 이야기 소재가 되는 똥에 대하여 상식 수준의 설명과 함께 약간의 의학적 고찰을 한 후 성경에 나타난 똥에 관해 살펴봄으로써 우리 인간이 어떠한 존재인지 확인해보고자 한다.

똥 (Dung, Excrement, Feces, Ordure, Shit, Stool)

원초적인 말들은 어느 언어에서든지 초기 언어형성기에 동일한 음가를 갖고 있다는 사실이 이미 학문적으로 잘 밝혀졌는데 똥도 한 가지 좋은 예가 될 수 있을 것이다. 사실 우리말 '똥'이 영어로 '덩'이라고 불리는 것은 셈의 후손인 한국인과 야벳의 후손인 앵글로색슨족이 다 같이 바벨탑 사건 이전에는 의사 소통에 전혀 지장이 없었다는 강력한 증거가 된다(창11:1~9).

그리고 중국 사람들을 위시한 한자문화권에서는 똥을 대변(大便) 곧 '커다란 편안함'이라고 부르는데 이는 인간적인 가치와 함께 의학적인 의미를 부여하는 매우 적절한 표현이 아닐까 생각이 된다. 왜냐하면 만약 우리 삶에서 똥 싸기에 문제가 생긴다면 엄청난 불편함이 초래되며 건강에 이상이 생길 것이라는 역설적 의미가 대변(大便)이라는 한자어 속에 담겨져 있기 때문이다.

그럼 이처럼 가장 원초적이고 중요한 일상사가 되는 똥 싸기에 관하여 독자 여러분들이 얼마나 잘 알고 있는지 몇 가지 질문을 하면서 똥 이야기를 풀어나가 보고자 한다.

첫째, 똥은 하루에 한 번 싸야 정상인가?
둘째, 똥 색깔은 황금색이어야 좋은 것인가?
셋째, 똥 모양은 도우너스처럼 한 덩어리로 나와야 최고인가?
넷째, 똥의 분량은 얼마 정도가 되어야 정상인가?
다섯째, 똥은 어떠한 성분들로 이루어져 있나?
여섯째, 똥에는 영양가가 있는가?
일곱째, 똥 냄새는 왜 생기는가?

동물의 똥은 그 모양과 성상 또는 횟수 등이 종, 나이, 계절, 먹이 등에 따라 달라지는데 인간의 똥도 식사의 종류와 건강상태 등에 따라 적지 않은 차이를 보인다.

일반적으로 똥은 하루에 세 번 또는 사흘에 한 번 싸도 정상이다. 물론 모유 수유를 하는 영유아에서는 하루에 열 번 가까이 똥을 누어도 설사 변만 아니라면 별문제가 없다.

황금을 좋아하는 인간의 마음은 똥 색깔조차 황금색을 제일로 치는 경향이 있는데 사실 똥 색깔은 먹는 음식에 따라 또 관찰한 시간에 따라 차이가 있을 수 있다. 황금색뿐 아니라 갈색이거나 푸른색도 거의 다 정상으로 보면 된다.

그러나 흑색변 곧 자장면 같이 까만 똥이 나오면 상부 위장관 출혈을 의심해 보아야 한다. 아울러 적색변 곧 피 색깔이 똥에 보이면 (토마토 같은 음식을 많이 먹은 경우도 있을 수 있지만) 하부 위장관 출혈의 가능성을 생각해 보아야 한다.

하루에 싸는 똥의 양(무게)은 일반적으로 100~200그램(20~1,500그램)이 정상이다. 똥을 얼마나 싸느냐는 물론 음식 섭취량에 따라 달라진다. 특히 일반적으로 배설 전 48시간 동안 얼마나 많은 양의 음식을 먹었느냐에 따라 달라진다. 그리고 보통 사람이 일생동안 만들어 내는 똥의 길이는 수 킬로미터에 달한다.

똥은 정도의 차이가 있지만 액체, 고체, 기체로 구성이 되어 있다. 건강한 사람의 똥은 보통 수분이 80%를 차지하고 있는데 변비 시에는 50%이하, 설사 시에는 90%이상이 되기도 한다. 그리고 똥을 만드는 고체성분의 대부분은 물에 녹지 않는 섬유질로 구성이 되어 있으며 일정 한계 내에서 섬유질을 많이

⊙ 똥 색깔의 이상

일반적으로 아이의 똥은 모유를 먹을 경우 황색 또는 황금색이며 우유를 먹을 경우 담황색 또는 연한 갈색이다. 그리고 모유영양아가 똥을 누었을 때나 누고 나서 잠시 후에 연한 초록색을 띠는 것은 정상으로 볼 수 있다.

흑색이나 흑갈색 똥은 생후 수일간 누게 되는 태변에서 볼 수 있고 또 코피를 들여 마신 경우나 위장 상부의 출혈이 있을 때 보이게 된다. 그리고 철분제제나 비스무스, 납, 탄말, 감초 등의 약제를 복용할 경우에도 나타난다. 설사 때문에 젖을 먹이지 않고 보리차만 먹였을 때에는 갈색 똥이 관찰이 된다.

이상하게 연한 색을 보이는 똥은 폐쇄성 황달이나 심한 전염성 간염 시뿐 아니라 지방변일 때에도 나타난다. 또한 알루미늄 제제의 약물을 투여하고 있을 때에도 나타날 수 있다.

녹색 똥은 앞서 언급된 것처럼 모유영양아에서 볼 수 있고 또 영아가 설사를 할 때 자주 관찰이 된다. 그리고 푸른 야채를 먹었을 때에나 약물에 의해서도 나타날 수 있다.

붉은 색의 똥은 장하부에서 출혈이 있을 때 나타날 수 있으며 또 여러 약제나 붉은 젤라틴, 사탕무 같은 음식을 섭취하였을 때에도 관찰이 될 수 있다.

⊙ 유분증(遺糞症, Encopresis; Fecal soiling)

유분증은 만 두 돌이 지난 아이가 근육이나 신경계의 기질적인 질병이 없이 똥을 가리지 못하고 옷에 그대로 싸는 것을 말한다. 태어나서부터 계속 똥을 가리지 못하는 경우와 똥을 가리다가 다시 가리지 못하는 경우가 반반씩 된다.

대개 만성 변비를 가진 어린이들의 어머니들이 유분증 때문에 아이를 데리고 병원에 오는 수가 많다. 어떤 어머니들은 아이가 설사를 하면서 똥을 옷에 싼다고 하나 이런 경우 대부분은 점액성 액체가 똥 덩어리 주위에서 새어 나오는 것이다.

유분증은 여아보다 남아에서, 또 밤보다 낮에 더 잘 일어난다. 유분증은 똥을 가리지 못하는 어린이 자신과 부모에게 모두 심각한 심리적 갈등을 일으킨다. 가끔 야단을 치거나 벌을 주어도 별 효과가 없는데 주된 해결책은 만성 변비를 치료하는 것으로 전문의의 도움을 받아야 한다.

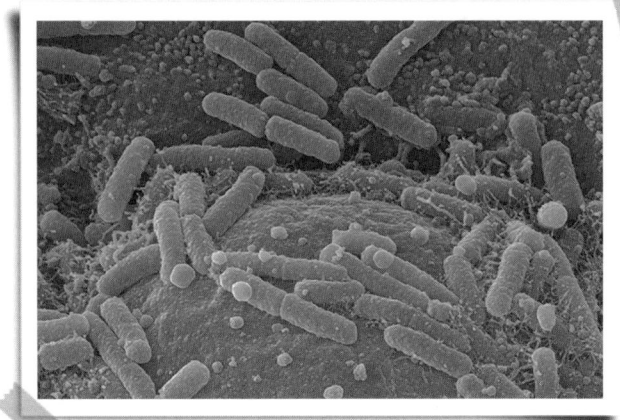

현미경으로 확대된 대장균의 모습

섭취할수록 똥을 싸는 것이 촉진되고 또 규칙적으로 이루어진다. 따라서 섬유질을 많이 섭취하는 경우 똥이 장 속을 통과하는 속도가 빨라 유해한 발효성분이 장에 쌓이게 되는 시간이 적기 때문에 직장암이나 대장암 발생 가능성이 줄어들게 된다.

섬유질과 아울러 똥을 구성하고 있는 고체 성분 중에는 다른 음식찌꺼기들과 소화액, 장(상피)세포 및 엄청난 양의 박테리아가 있다. 즉 똥에서 가장 많은 부분을 차지하고 있는 것이 박테리아로서 보고자마다 차이는 있지만 대략 50%이상(30~80%)이 박테리아인 것으로 알려져 있다. 따라서 (신생아에서 볼 수 있는 태변을 제외하고) 똥은 한마디로 세균 덩어리인 것이다.

우리 장내에는 잘 알려진 대장균을 비롯한 수많은 세균이 있는데 그 균의 종류는 1,000종이 넘으며 균수는 10^{14} 즉 100조 마리나 된다. 다행히도 이들 대부분은 인체에 심각한 독성이 없으며 때로는 이롭기까지 하다.

갓 태어난 신생아의 몸에는 이러한 박테리아가 전혀 없지만 이내 다양한 박테리아가 자라게 된다. 태어난 후 사흘까지는 장내 박테리아가 똥의 대부분을 차지하게 되며 일주일이 된 아기의 똥에는 1그램에 100억 내지 1조 마리의 박테리아가 섞여 있게 된다. 몇 개월이 더 지나면 결국 정상적인 성인과 마찬가지로 비피더스균이 주류를 이루게 된다. 그리고 똥에 사는 대부분의 미생물은 공기에 노출된 지 한두 시간 안에 죽게 된다.

위에서 잘 섞여진 음식물은 소장에서 상당량의 수분과 각종 영양소들이 흡수된 후 대장에서 단단하게 뭉쳐지는 과정을 겪는다. 그리고 최종적으로 항문 밖으로 배출될 때의 모양은 대체로 원통형이지만 소위 과민성 대장일 경우 작은 조약돌이나 공 또는 리본 형태를 띠는 수도 있다.

인간의 똥에는 먹은 음식의 8%에 해당하는 열량이 있다고 알려져 있다. 물론 개인차가 있을 수 있는데 일본의 부자 동네 똥거름은 가난한 동네 똥거름보다 질이 훨씬 좋다고 알려져 있으며, 영국인 한 사람의 똥에 포함된 영양가는 돼지 세 마리 혹은 포르투갈인 다섯 명의 똥과 맞먹는다는 어느 중국 농부의 평가도 보고가 되고 있다.

대부분의 똥에는 고체물질과 함께 의학적으로는 장내가스, 혹은 통속적으로는 방귀라 명명되는 기체가 함유되어 있다. 다른 동물에서도 그렇지만 인간의 장내가스의 주성분은 메탄가스와 혐기성 박테리아가 만들어내는 수소 등으로 이루어져 있다. 인간의 장 속에는 대략 이런 혼합기체가 100밀리리터 가량 있게 되는데 하루 평균 처분하는 양은 2~3리터 정도이다.

방귀는 동서고금과 각 문화권의 차이를 떠나 인류 모두에게 주된 관심사라고 할 수 있다. 예를 들어 오래전 북미 인디언 부족 중 하나인 위네바고 족의 신화에는 단 한 번의 방귀로 모든 인류를 날려버리고 똥으로 온 세상을 뒤덮었다는 마법사가 등장하기도 하며, 최근 우리나라에서 인기 있는 모 시트콤드라마에서도 방귀는 매우 좋은(?) 드라마소재로 활용이 되는 형국이다.

똥 냄새를 흔히들 구린내라고 하는데 이를 일으키는 화학적 성분은 스카톨이 대표적이며, 이외에 인돌계 화합물, 황화수소나 티올 같은 황화합물 등이 구린내를 유발한다. 그리고 마늘이나 양파를 먹었을 때 소화가 된 후에도 그 독특한 냄새가 남아 있게 되는 것은 황화알릴과 황화비닐 때문이다. 또 콩이나 배추, 겨자 같은 음식을 먹었을 경우 생기는 독특한 냄새는 장에 살고 있는 혐기성 박테리아에 의해 형성이 된다.

누구나 싫어하는 이런 구린내 또는 화장실 냄새는 사실 인간의 건강 상태를 어느 정도 반영해 주고 있다. 즉 방귀를 꾸었을 때 구린내가 잘 나지 않는 사람일수록 장 속에 부패된 균이 많지 않다고 보면 된다. 세계적인 장수촌의 특징 중 하나가 바로 이 화장실냄새가 잘 나지 않는 것이라는 사실을 보면 그 중요성을 어느 정도 알 수 있을 것이다. 또 비타민 씨를 거대용량으로 복용을 하고 있는 사람에서 방귀의 양은 많아지지만 냄새는 나지 않는다는 것을 참고적으로 언급하고 싶다.

성경 속 인물들의 똥

이제 앞서 언급된 똥에 대한 기본 정보를 기억하면서 성경 속 주요 인물들의 똥과 미래의 인간들의 똥은 어떠할지 고찰해보도록 하자.

아담의 똥은? 아벨의 똥은? 노아의 똥은? 아브라함의 똥은? 모세의 똥은? 다윗의 똥은? 예수님의 똥은? … 그리고 다가올 천년왕국에서 살게 될 사람들의 똥은? 천국시민들의 똥은?

음식과 똥

먼저 똥의 성상이 음식과 관련이 있다는 점에서 보면, 아담이 먹은 음식과 노아 이후의 사람들이 먹은 음식은 달랐기 때문에 그들이 배출하였던 똥도 차이가 날 수밖에 없을 것이다.

하나님께서는 아담과 이브를 창조하시고 그들에게 온 우주를 통치할 수 있는 권한을 주셨다(창1:26~31). 곧 다산하고 번성하여 땅을 채우며 땅을 정복하고 모든 생물을 다스리라는 복을 아담과 이브에게 허락해주셨다(창1:28).

"하나님께서 그들에게 복을 주시며 그들에게 이르시되, 다산하고 번성하여 땅을 채우라. 땅을 정복하라. 또 바다의 물고기와 공중의 날짐승과 땅 위에서 움직이는 모든 생물을 지배하라, 하시니라." (창1:28)

그런데 이렇게 하기 위해서 인간에게 반드시 필요한 것이 에너지이다. 하나님께서는 그 필요를 아시고 에너지는 온 지면 위에 있는 씨 맺는 모든 채소와 씨 맺는 나무의 열매를 가진 모든 나무로부터 얻으라고 하셨다(창1:29).

"하나님께서 이르시되, 보라, 내가 온 지면 위에 있는 씨 맺는 모든 채소와 속에 씨 맺는 나무의 열매를 가진 모든 나무를 너희에게 주었노니 그것이 너희에게 먹을 것이 되리라." (창1:29)

그래서 이처럼 하나님의 명령에 따라 채식만을 할 수밖에 없었던 아담과 이

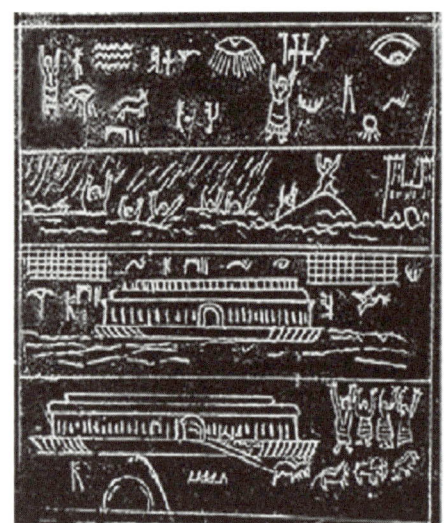

노아의 홍수 직후 하나님께서는
채식뿐 아니라 육식도 인간에게 허락하셨다.
그림은 미국 미시간 지방에서 발견된
고대 석판화로 대홍수 사건 전후를 표현한 것

브 및 그들의 후손인 가인과 아벨, 셋, 에노스, 게난, 마할랄레엘, 야렛, 에녹, 므두셀라, 라멕 등의 똥은 그 색깔이 갈색에서 약간 푸른색 정도가 많았을 것이며 똥의 양도 아마 하루 평균 200그램 이상이 되었으리라 여겨진다(창4:1,2; 5:3~27). 그러나 노아의 홍수 직후 하나님께서는 채식뿐 아니라 육식도 인간에게 허락하셨다(창9:1~4).

"하나님께서 노아와 그의 아들들에게 복을 주시며 그들에게 이르시되, 다산하고 번성하여 땅을 채우라. ~ 살아서 움직이는 모든 것은 너희에게 먹을 것이 될 것이요, 푸른 채소와 같이 내가 모든 것을 너희에게 주었노라."(창9:1, 3)

따라서 노아의 홍수 이후에 살았던 인간들은 므두셀라 이전의 인간들에 비해 어두운 갈색의 똥을 많이 누었을 것이며 똥의 양도 줄어들어서 현대인들처럼 하루 평균 200그램 이내를 배출하였을 것이다.

그리고 천년왕국에 들어가 살게 될 사람들의 경우에는 지구 환경이 노아의 홍수 이전과 같게 됨으로 평균수명이 지금보다 10배 이상 늘어나게 될 것이며 또 육식의 필요가 없어질 것이기 때문에 다시 밝은 갈색변을 주로 보게 되며 똥의 양도 늘어나게 될 것이라 생각된다(시67:6; 사11:6~9; 30:26; 35:1; 55:13; 60:19,20; 65:20,22; 겔47:12; 욜2:25,26; 3:18; 암9:13; 슥8:4; 롬 8:22,23; 이에 대해 좀 더 알기 원하는 독자들은 졸저 '성경으로 세상보기' 중 '성경 속 수명 이야기'를 참고하기 바란다.).

이후 천년왕국을 거쳐 영원한 미래의 시간 속에서 하나님의 자녀들은 똥을 싸지 않고 지내게 될 것인지에 대해 성경은 직접적인 언급을 하고 있지 않지만 다음의 두 구절들로써 충분히 유추할 수 있다(마26:29; 계22:2).

"그러나 내가 너희에게 이르노니, 내가 이 포도나무 열매에서 난 것을 이제부터 내 아버지의 왕국에서 너희와 함께 새롭게 마시는 그 날까지 마시지 아니하리라, 하시니라."(마26:29)

이처럼 예수님께서는 제자들과 최후의 만찬을 하시면서 앞으로 다시 오실 때까지 그들이 기념할 것을 알려주심과 동시에 우리가 구원을 받고 천국에 갈 경우에 먹고 마시게 된다고 말씀하셨다.

"그 도시의 거리 한가운데와 강의 양쪽에는 생명나무가 있어 그것이 열두 종류의 열매를 맺되 달마다 자기 열매를 내고 그 나무의 잎사귀들은 그 민족들을 치유하기 위하여 있더라."(계22:2)

뱀의 유혹을 받는 에덴동산의 아담과 이브

또 이처럼 천국에는 생명나무가 있어 열두 종류의 열매를 달마다 내고 민족들을 치료하기 위한 잎사귀도 있게 된다. 아마도 이곳에서는 그 옛날 에덴동산에서와 달리 생명나무의 열매나 잎사귀도 마음껏 먹을 수 있게 될 것이다.

그렇다. 먹고 마시는 한은 똥이 나오게 된다. 그러므로 천국에서도 똥은 나오게 되리라 생각된다. 그러나 천국에서는 더럽게 하는 어떤 것도 존재하지 않을 것이며 또 우리가 썩지 않는 영화로운 몸을 입을 것이기 때문에 그 똥도 분명 향내가 나며 영광스러울 것임에는 틀림없을 것이다(고전15:51,52; 계21:24~27).

장내 세균과 똥

이제 장내 세균과 관련하여 성경 속 인물들의 똥과 미래의 인간들의 똥은 어떠할지 고찰해보도록 하자.

먼저, 하나님께서는 온 우주 만물을 창조하실 때 장내세균 및 다른 박테리아들을 함께 창조하셨을까? 아마도 하나님께서 우리 몸에 이로운 박테리아는 아담과 이브가 타락하기 전에 창조해 놓으셨을 것이다. 그러나 우리에게 해로운 박테리아들은 아담의 타락 직후에야 생기게 되었을 것이다(창3:17~19).

"아담에게 이르시되, 네가 네 아내의 음성에 귀를 기울이고 내가 네게 먹지 말라고 명령한 나무에서 나는 것을 먹었은즉 땅은 너로 인하여 저주를 받고 너는 평생토록 고통 중에 땅의 소산을 먹으리라. 또한 땅이 네게 가시덤불과 엉겅퀴를 내리라. 네가 들의 채소를 먹으며 땅으로 돌아가기까지 네 얼굴에 땀을 흘려야 빵을 먹으리니 이는 네가 땅에서 취하여졌기 때문이라. 너는 흙이니 흙으로 돌아갈 것이니라, 하시니라."(창3:17~19)

하나님께서는 아담에게 땅이 아담으로 인하여 저주를 받게 되었기 때문에 이제 아담과 그 후손들은 가시덤불과 엉겅퀴 (및 해로운 장내 세균) 같은 인간에게 유해한 존재들과 함께 살아가면서 수고를 하여야 삶을 영위할 수 있게 된다고 말씀하셨다.

다시 말해서 하나님께서는 아담의 타락으로 말미암아 이처럼 창조의 질서가 깨지면서 무질서도(entropy)가 증가하도록 허락을 하셨다. 그래서 바로 이 순간부터 우리가 잘 알고 있는 열역학 제2법칙이 이 지구상에서 시작된 것이다.

물리학 분야의 과학 법칙들 중 대표적인 것이 열역학 법칙인데 이것은 크게 두 가지로 나누어진다.

첫째, '에너지 보존의 법칙'으로 잘 알려져 있는 열역학 제1법칙은 어떤 형태의 에너지가 다른 형태의 에너지로 바뀔 수는 있으나 스스로 생성되거나 소멸되지는 않는다는 사실을 말해준다. 이 법칙이 결론적으로 가르치고 있는 것은 우주가 스스로 창조되지 않았다는 사실이다.

과학자들은 에너지와 물질의 기원 혹은 전체 에너지의 보존 이유 등에 대하여 설명할 수 없지만 성경은 해답을 갖고 있다. 하나님만이 친히 무에서(ex nihilo) 유를 창조하실 수 있다(창1:1).

"처음에 하나님께서 하늘과 땅을 창조하시니라."(창1:1)

그러나 인간은 단지 이미 존재하는 물질을 변형시킬 수 있을 뿐이다. 그래서 에너지는 하나님께서 창조 사역을 끝내신 뒤부터(창2:3) 더 이상 창조될 수 없는 것이며, 또한 에너지는 하나님께서 자신의 권능의 말씀으로 창조 세계를 다 보존하시기 때문에 결코 소멸될 수 없는 것이다(느9:6; 히1:3; 벧후3:7).

둘째, 열역학 제2법칙은 유용 에너지 감소의 법칙으로 알려져 있는데 다음과 같이 세 가지로 적용될 수 있다.

첫 번째로 고전적 적용이다. 전체 에너지는 처음부터 끝까지 일정하여 생성되거나 소멸되지 않는다. 그러므로 처음에 누군가가 에너지를 불어넣지 않았다면 온 우주 자체가 보존될 수 없다. 전체 에너지는 유용 에너지와 무용 에너지의 합으로 표현된다. 그러므로 어떤 작용계 내에서 유용 에너지를 사용하면 할수록 무용 에너지가 증가하는데 이를 가리켜 엔트로피가 증가한다고 표현한다.

두 번째로 통계적 적용이다. 어떤 시스템의 질서도는 자유자재의 형태 즉 무질서의 상태로 변하려 하는 경향이 있다. 다시 말해 모든 계(system)는 질서에서 무질서로, 확률이 적은 경우에서 큰 경우로만 진행된다. 예를 들어 커피 잔

저주가 없는 영원한 미래에는
영화로운 몸이 될 것이다.

에 담은 뜨거운 물은 뜨거운 상태로 유지되는 것보다 주변 환경의 온도로 차갑게 되려는 경향이 있는데 이는 뜨거운 상태로 있을 확률이 차가운 상태로 있을 확률보다 낮기 때문이다.

세 번째로 정보적 적용이다. 통신 시스템에 의해 전달되는 정보는 방해를 받아 불완전하게 되는 경향이 있다.

그래서 이와 같은 열역학 제2법칙이 창조세계에 적용되기 시작하면서 몸에 해로운 장내세균도 창궐하게 되어 인간들의 경우 똥을 쌀 때 구린내라고 하는 독특한 냄새를 피우며 살아가게 된 것이다.

그렇지만 아담이 타락하기 전 에덴동산에서 구린내나 역한 방귀냄새는 없었을 것이다. 그리고 노아의 홍수 이전보다는 홍수 이후에, 또 똑같이 음식을 먹

1장 | 똥싸기 ● **27**

었더라도 과거보다는 현재에 더 구린내가 날 것으로 생각이 된다. 왜냐하면 시간이 지남에 따라 엔트로피가 증가하면서 박테리아에 의한 부패도 더욱 심하게 되었을 것이기 때문이다.

그리고 천년왕국에 들어가 살게 될 사람들의 경우에는 앞서 살펴본 대로 밝은 갈색변을 주로 보게 되며 똥의 양도 늘어나게 될 것이지만, 피조물이 썩음의 속박에서 해방되기 때문에 곧 해로운 장내 세균이 사라지기 때문에 역겨운 똥 냄새는 거의 풍기지 않게 될 것이다(롬8:18~24상).

"이는 피조물 자신도 썩음의 속박에서 해방되어 하나님의 자녀들의 영광스런 자유에 이를 것이기 때문이라."(롬8:21)

또한 천년왕국 후 영원한 미래의 시간 속에서 다시는 저주가 없게 될 것이기 때문에 하나님의 자녀들은 영화로운 몸을 입고서 향기롭고 영광스러운 똥을 누게 될 것이다(고전15:51,52; 계22:3).

똥의 용도

우리나라에서 아주 오래전 김두한 국회의원이 파고다공원 화장실에서 인분(人糞; 언론에서는 사람의 똥이란 표현 대신에 반드시 이 단어를 사용한다.)을 담아다가 국회의사당에 투척한 일이 화제가 된 적이 있었다. 그리고 최근까지도 언론에서는 당사자 간의 이해관계가 엇갈려 보복 목적으로 인분을 투척하였다는 내용의 보도가 가끔씩 있어 왔다.

인도 등지에서는 빚어 말린 쇠똥을 연료로 쓴다.

그러나 북한의 정치범 수용소에서 똥으로 사람을 죽이는 일이 지금도 비일비재하게 일어나고 있다는 사실은 잘 알려지지 않고 있으며, 또 역사적으로 수많은 문화권에서 똥이 우리의 상상을 초월하여 다양한 용도로 사용되어 왔다는 사실에도 사람들은 관심이 없는 것 같다.

(혹시 똥의 문화인류학적 용도에 흥미가 많은 독자에게는 존 그레고리 버크가 저술한 '신성한 똥' ⟨scatologic rites of all nations⟩ 한 권 정도는 추천하고 싶다. 단 기본적으로 비기독교적인 관점으로 쓰였다는 사실을 잊지 말아야 할 것이며, 특히 이 '똥 이야기'를 부록까지 다 읽고난 후 결정할 것을 부탁드린다.)

어찌되었든 이 글에서는 지면 관계상 사람들이 상식적으로 알고 있으리라 여겨지는 똥의 용도 두 가지만을 언급해 보고자 한다.

첫째 용도는 비료이다. 동물의 것이든 인간의 것이든 똥의 쓰임새로 가장 잘 알려진 부분이 비료이다. 버섯 재배에는 말 똥, 멜론 밭에는 비둘기 똥, 정원용 비료에는 지렁이 똥 등 역사적으로 특화된 비료로서 동물의 똥이 사용되어 온 기록도 있지만 동서고금을 막론하고 인간의 똥(人糞)은 무소불위의 비료로 군림해오고 있다.

이 사실은 성경에서도 확인이 된다. 즉 예수님께서 열매를 맺지 못한 무화과나무의 비유를 말씀하실 때에 똥이 열매를 맺는 데 도움이 될 수 있다는 얘기가 나온다(눅13:6~10).

둘째 용도는 연료이다. 똥에 함유된 유기 성분은 소화는 되지 않지만 불은 잘 붙는다. 그래서 세계 각처에서 지금도 똥이 주요한 연료로 쓰이고 있다. 티벳인들은 집을 덥히고 음식을 조리하기 위해 양이나 야크의 똥을 사용하고 있고, 인도에서 쇠똥은 농촌에서 쓰이는 전체 가정용 연료의 25%를 차지할 정도로 훌륭한 연료로 사용되고 있다. 또 심지어 페루에서는 라마 똥으로 기관을 움직이는 증기선이 티티카카 호의 물살을 가르고 있다는 보고도 있다.

이처럼 똥이 연료로 쓰이는 사실은 성경에서도 나타나고 있다. 즉 하나님께서 이스라엘이 너무나도 패역하여 이들을 심판하실 것이라고 말씀하실 때에 그들이 사람의 똥을 연료로 하여 음식을 구워먹게 될 것이라는 처참한 예언이 선포되며 동시에 에스겔은 사람의 똥 대신 쇠똥으로 빵을 준비하게 될 것이라는 말씀이 주어진다(겔4:9~17).

똥 버리기

오늘날 선진국의 내륙 도시들은 대부분 똥 같은 오폐수를 처리하는 하수 처리장을 잘 갖추고 있다. 이곳에 모인 오폐수는 함유된 고체 및 액체 성분이 의

**예루살렘의 열두 성문 중 하나인
똥문(Dung gate)**

학적, 시각적, 후각적 기준을 만족시키고 용도에 따라 경제적으로 활용할 만한 수준이 될 때까지 고체 덩어리를 거르고, 부유물질을 걷어내고, 침전시키고, 분해하고, 여과장치를 통과하는 등 여러 과정을 거치게 된다. 그러나 아직도 전세계적으로 볼 때 똥 처리가 위생적으로 이뤄지지 않는 지역이 훨씬 더 많은 것이 사실이다.

그러면 지금부터 이천 년 이전에 살았던 성경 속 유대인들의 경우 어떻게 똥 처리를 하였는지 살펴보기로 하자.

먼저 똥은 도시 안에 두지 않고 밖으로 내보냈다. 예를 들어 예루살렘 성에는 느헤미야서를 기준으로 볼 때 열두 성문이 있었는데 그 중의 하나가 똥문(dung gate)이었다(느2:13; 3:13,14; 12:31). 즉 이 똥문을 통하여 똥을 성벽 바깥에 가져가서 버린 것을 알 수 있다.

또 똥을 모아 거름더미(dunghill)를 만들기도 하였다(삼상2:8; 스6:11; 시

113:7; 사25:10; 애4:5; 단2:5, 3:29; 눅14:35).

그리고 이스라엘 백성들에겐 특별히 똥을 잘 처리해야 하는 일이 있었다. 그것은 하나님께 제사를 드릴 때 죽였던 희생물의 똥을 처리하는 것이었다(출29:10~14; 레4:8~12).

"그 소의 고기와 가죽과 똥은 진영 밖에서 불로 태울지니 그것은 죄 헌물이니라."(출29:14)

"그 수소의 가죽과 그것의 모든 고기와 머리와 다리와 내장과 똥 곧 그 수소 전부를 진영 밖의 재를 버리는 곳 즉 정결한 곳으로 가져다가 나무 위에서 불로 태우되 재를 버리는 곳에서 태울지니라."(레4:11,12)

이처럼 희생물의 똥은 반드시 진영 밖에서 불로 태워야 했다. 그런데 똥만 태우는 것이 아니고 가죽, 고기, 머리, 다리, 내장 등을 똥과 함께 진영 밖에서 태워야 했다.

그렇다면 왜 하나님께서는 이 아까운 가죽, 고기, 머리, 다리, 내장 등을 조금이라도 남겨두지 않고 똥과 함께 다 태우라고 하신 것일까?

쉬어가는 똥 이야기 ①

매우틀 (창덕궁 소장)

임금의 편전과 왕대비의 침전에만 있던 이동식 화장실이다. 매우(梅雨)의 매는 '큰 것'을, 우는 '작은 것'을 이르는 향기로운 말이다.

왕이나 왕비에게는 화장실이 없다. 왕은 낮에도 요강에 소변을 보았다. 대변은 이동식 변기에 보았는데, 이 변기를 '매화(梅花)틀'이라 불렀다. 이 매화틀은 의자식으로, 오늘날 어린 아기의 좌변기와 비슷한 구조로 되어 있었다. 빨간 우단으로 나무틀을 쌌으며, 나무틀 밑에 구리 그릇을 놓아 거기에 대변을 받았다.

궁중에는 매화틀만 전문으로 취급하는 복이나인이 있어, 미리 볏짚을 잘게 썰어 매화틀속에 뿌려서 왕에게 가져갔다. 왕이 그 위에 일을 보고 나면 또 다른 상궁은 깨끗한 명주 수건을 준비하고 있다가 뒤를 닦아드린다.

그리고 측근 나인은 이를 왕실 전용 병원인 전의감에 보낸다. 그러면 전의는 왕의 대변 상태, 즉 변의 농도와 색깔 등을 살피고 심지어 맛까지 보면서 왕의 건강 상태를 점검하였다.

왕의 매화틀은 왕이 잠자는 침전과 정사를 보는 편전, 그리고 외빈을 접견하는 전각 등에 모두 세 개가 있었고, 왕비나 왕대비는 두 개씩 사용하였다.

– http://www.koreartnet.com/wOOrII/ 중에서 –

쉬어가는 똥 이야기 ②

인도 똥 이야기

　인도에서 제아무리 소의 배설물이 극진한 대접을 받고 있다고 해서 독실한 힌두교 신자들이 인간의 배설물은 푸대접 하느냐 하면 결코 그렇지가 않다.

　세링가파탐 남쪽으로 약 16킬로미터 정도 내려가다 보면 난자나구드라는 이름의 마을이 있는데, 거기에는 모든 미조레 사람들에게 널리 알려진 신전이 하나 있다. 이곳에 모이는 모든 계층의 수많은 신도들 가운데 절대 다수를 차지하는 것은 불임 때문에 고민을 하는 여성 신도들이다. 그들은 하나같이 봉헌물을 갖다 바치면서 회임을 하게 달라고 기도를 드린다. 하지만 가만히 보면 단지 봉헌만 바치고 기도만 하는 것으로 끝나는 것이 아님을 알 수 있다. 뭔가 역겨운 의식이 남아 있는 것이다.

　신전에서 나오는 길로 여성 신도와 그 남편은 순례자들이 너나 할 것 없이 용변을 해결하는 하수구로 다가간다. 거기에서 남편과 아내는 손으로 약간의 배설물을 따로 떼내어 그 위에 남들이 손대지 못하도록 일정한 표시를 해둔다. 그런 다음 그 손 그대로 하수구의 물을 손바닥에 담아 마신다. 그리고 나서야 몸을 씻고 자리에서 물러난다.

　2~3일이 지난 다음 다시 그곳을 찾은 부부는 그때 따로 떼어둔 오물이 제대로 있는지 확인한다. 이리저리 뒤집어보면서 면밀하게 검사를 하는 것이다. 만약 그 속에 곤충이나 다른 벌레들이 알이라도 낳아놓으면 이는 여성에게 상서로운 징조로 해석되고 부부는 만족을 한다.

-존 그레고리 버크 저 '신성한 똥' 중에서-

PART 2
똥 태우기

죄 헌물 | 가죽 | 고기 | 머리 | 가죽+고기+머리 | 다리 | 내장 | 똥

하나님께서는 우리 스스로가 머리라고 생각하며 교만을 떨 때
그 머리를 똥과 같이 취급하신다.
따라서 그 잘난 머리를 통째로 다 똥과 함께 태워버려야 하는 것이다.

예수 그리스도께서 교회의 머리이시며
모든 정사와 권능의 머리가 되신다.
오직 예수님만이 모든 것에서 으뜸이 되신다. 하나님께서는
우리 스스로가 머리라고 생각하며 교만을 떨 때
그 머리를 똥과 같이 취급하신다. 따라서 그 잘난 머리를
통째로 다 똥과 함께 태워버려야 하는 것이다.

죄 헌물(sin offering)

"주께서 모세에게 말씀하여 이르시되, 이스라엘 자손에게 말하여 이르라. 만일 어떤 혼이 알지 못하여 마땅히 행하지 말아야 할 것들에 관한 주의 명령들 중에서 하나라도 어겨 죄를 짓고 그 중에서 하나라도 어겨 행하되 만일 기름 부음을 받은 제사장이 백성의 죄에 따라 죄를 지으면 자기가 지은 죄로 인하여 흠 없는 어린 수소 한 마리를 가져다가 **죄 헌물**로 주께 드릴지니 그가 그 수소를 회중의 성막 문으로 주 앞에 끌어다가 그 수소의 머리에 안수하고 주 앞에서 잡을 것이요, 기름 부음을 받은 제사장은 그 수소의 피를 취해 회중의 성막으로 가지고 가서 손가락을 그 피에 담그고 주 앞 곧 성소의 휘장 앞에서 그 피를 일곱 번 뿌릴 것이며 또 그 제사장은 그 피의 일부를 주 앞 곧 회중의 성막 안에 있는 제단 즉 향기로운 향을 드리는 제단의 뿔들에 바르고 그 수소의 피 전부를 회중의 성막 문에 있는 제단 곧 번제

헌물 제단 밑에 쏟을지니라. 또 그는 그 죄 헌물 수소에서 모든 기름을 취할지니 곧 그는 내장을 덮은 기름과 내장 위의 모든 기름과 두 콩팥과 그것들 위의 기름 곧 허리 근방에 있는 것과 간 위의 꺼풀을 콩팥들과 함께 취하되 화평 헌물의 희생물 수소에서 취한 것같이 할 것이요, 제사장은 그것들을 번제 헌물 제단 위에서 태울 것이며 그 수소의 가죽과 그것의 모든 고기와 머리와 다리와 내장과 똥 곧 그 수소 전부를 진영 밖의 재를 버리는 곳 즉 정결한 곳으로 가져다가 나무 위에서 불로 태우되 재를 버리는 곳에서 태울지니라."(레4:1~12)

"만일 이스라엘 전체 회중이 알지 못하여 죄를 짓되 그것이 집회의 눈에 드러나지 아니하여 그들이 마땅히 행하지 말아야 할 것들에 관한 주의 명령 중 하나라도 어기고 조금이라도 행하여 유죄가 된 경우에 그들이 그 명령을 어기고 범한 죄가 알려지면 회중은 그 죄로 인하여 어린 수소를 드릴지니 그것을 회중의 성막 앞으로 가져가 회중의 장로들이 주 앞에서 그 수소의 머리에 안수하고 주 앞에서 그것을 잡을 것이요, 기름 부음을 받은 제사장은 그 수소의 피를 가지고 회중의 성막에 들어가 손가락을 그 피의 일부에 담그고 주 앞 곧 휘장 앞에서 그 피를 일곱 번 뿌릴 것이며 또 그 피의 일부를 주 앞 곧 회중의 성막 안에 있는 제단의 뿔들에 바르고 그 피 전부를 회중의 성막 문에 있는 제단 곧 번제 헌물 제단 밑에 쏟을지니라. 또 그가 그 수소에서 모든 기름을 취하여 제단 위에서 태우되 죄 헌물의 수소에게 한 것 같이 그 수소에게 할지니 곧 이 소에게 그리할지니라. 제사장이 그들을 위하여 속죄할 터인즉 그들이 용서받으리라. 그는 그 수소를 진영 밖으로 가져다가 첫 번째 수소를 태운 것같이 태울지니 그것은 회중을 위한 **죄 헌물**이니라."(레 4:13~21)

레위기 4장 1~21절에는 죄 헌물(sin offering)을 드리는 과정이 상세히 설명되고 있다. 즉 제사장(3절)이 죄를 짓거나 이스라엘의 전체 회중(13절)이 죄를 지을 경우 하나님께 드려야 하는 죄 헌물의 과정을 요약하면 다음과 같다. 첫째, 흠 없는 어린 수소의 머리에 안수한 후 수소를 잡는다. 둘째, 수소의 피를 뿌리고, 바르고, 쏟는다. 셋째, 수소의 기름을 제단에서 태운다. 넷째, 진영 밖으로 나가 재를 버리는 곳에서 수소의 가죽, 고기, 머리, 다리, 내장 등을 똥과 함께 다 태운다.

그런데 여기서 태워버려야 할 부분이 똥이라는 것은 이해가 되는데 왜 하나님께서는 똥 이외에 가죽(skin), 그 모든 고기(flesh), 머리(head), 다리(legs), 내장(inwards) 등 좋은 것들도 다 아낌없이 불태워 없애버리라고 하신 것일까?

가죽(skin)

소가죽의 가치는 우리 모두가 다 잘 알고 있다. 그런데 이 본문에서 가죽은 우리의 외모 곧 겉모습을 나타낸다.

우리는 외모를 단장하는 데 많은 시간과 노력을 들인다. 인간은 누구나 외모를 취하길 좋아한다. 그러나 성경은 다음과 같이 말씀하고 있다.

"내 형제들아, 영광의 주 곧 우리 주 예수 그리스도의 믿음을 가지고서 사람을 외모로 취하지 말라. 만일 너희 집회에 금반지를 끼고 아름다운 옷을 입은 사람이 들어오고 또 허름한 옷을 입은 가난한 사람이 들어올 때에 너희가 화려한 옷을 입은 자에게 관심을 기울이며 그에게 이르되, 여기 좋은 자리에 앉으소서, 하고 또 그 가난한 자에게 이르되, 거기 서 있든지 여기 내 발받침 밑에 앉으라, 하면 너희가 너희끼리 차별하며 악한 생각으로 판단하는 자가 되지 아니하였느냐? 내 사랑하는 형제들아, 귀를 기울이라. 하나님께서 이 세상의 가난한 자들을 택하사 믿음에 부요

(富饒)하게 하시고 또 자신을 사랑하는 자들에게 약속하신 왕국의 상속자들로 삼지 아니하셨느냐? 그러나 **너희**는 가난한 자들을 업신여겼도다. 부자들은 **너희**를 학대하고 재판석 앞으로 **너희**를 끌고 가지 아니하느냐? 그들은 너희를 부를 때 쓰는 그 귀한 이름을 모독하지 아니하느냐? **너희**가 성경 기록에 따라, **너**는 네 이웃을 네 자신과 같이 사랑하라, 하신 왕가의 법을 성취하면 잘하거니와 **너희**가 사람의 외모에 관심을 두면 죄를 범하고 율법에 의해 범죄자로 확정되리라."(약2:1~9)

멋진 옷을 입고 나타난 사람과 허름한 옷을 입고 나타난 사람을 똑같이 대하게 되지 않는 것이 일반이다. 그러나 하나님께서는 이러한 차별은 악한 생각을 갖고 판단하는 것이라고 보신다.

물론 구원은 율법을 지키고 행위로써 받게 되는 것은 아니다. 그렇지만 우리가 구원을 받았다면 사람을 외모로 취하거나 외모에 관심을 두고 차별을 하지 말아야 한다. 왜냐하면 외모로 사람을 취하는 것이 죄이기 때문이다. 하나님께서는 말씀하신다.

"만일 **너희**가 은밀히 사람들을 외모로 취할진대 그분께서 반드시 **너희**를 책망하시리니"(욥13:10)

▶ 은밀하게 사람들을 외모로 취하는 것을 사람은 모를 수 있지만 하나님께서는 다 알고 계신다.

"너희가 어느 때까지 부당하게 재판하며 사악한 자들의 외모를 취하려 하느냐?"(시82:2)

"이것들도 지혜로운 자에게 속한 것이라. 재판할 때에 사람의 외모를 취하는 것은 좋지 못하니라."(잠24:23)

"지옥과 멸망이 결코 가득 차지 아니하는 것같이 사람의 눈도 결코 만족하지 아니하느니라."(잠27:20)
▶ 우리의 눈이 만족하는 경우가 없다는 것을 기억하자.

"사람이 외모를 취하는 것이 좋지 아니하나 그 사람이 빵 한 조각을 위하여 법법하리라."(잠28:21)

"이는 하나님께서 사람을 외모로 취하지 아니하시기 때문이라."(롬2:11, For there is no respect of persons with God.)

그렇다. 하나님께서는 결코 사람을 외모로 취하지 않으신다.
그러므로 우리는 가죽을 버려야 한다. 그 값비싼 소가죽을 과감하게 다 똥과 함께 태워버려야 하는 것이다.

고기(flesh; carnal)

소고기는 동서고금을 막론하고 최고의 음식 재료 중 하나이다. 특히 몸통에서 얻어질 수 있는 안심, 등심, 채끝, 우둔, 양지, 목심, 갈비 등의 부위는 우리의 입맛을 다시게 한다. 그런데 이 본문에서 고기는 우리 인간의 몸 곧 육신(肉身)을 나타낸다. 우리는 누구나 자기 몸을 끔찍하게 사랑한다. 그러나 성경은 다음과 같이 말씀하고 있다.

"우리가 알거니와 율법은 영적이나 나는 육신적이어서 죄 아래 팔렸도다."(롬

7:14)
▶ 우리는 육신을 입고 죄인으로 태어났기 때문에 리허설도 필요 없이 죄를 잘 짓는 존재이다.

"육신은 성령을 대적하여 욕심을 부리고 성령은 육신을 대적하나니 이 둘이 서로 반대가 되므로 너희가 원하는 것들을 능히 하지 못하느니라. 그러나 너희가 성령의 인도를 받으면 율법 아래 있지 아니하니라."(갈5:17,18)
▶ 만약 죄를 지었는데 성령의 찔림이 없다면 그 사람은 크리스천이라고 하기 어렵다.

"살리는 것은 영이니 육은 아무것도 유익하게 하지 못하느니라. 내가 너희에게 이르는 말들은 곧 영이요 생명이니라."(요6:63)
▶ 육신이 아니라 영으로 살아야 한다.

"그러므로 이제 그리스도 예수님 안에 있는 자들에게는 정죄함이 없나니 그들은 육신을 따라 걷지 아니하고 성령을 따라 걷느니라. 이는 그리스도 예수님 안에 있는 생명의 성령의 법이 죄와 사망의 법에서 나를 해방시켰기 때문이라. 율법이 육신으로 말미암아 연약하여 능히 하지 못하는 것을 하나님께서는 하셨나니 곧 자신의 아들을 죄 있는 육신의 모양으로 보내시고 또 죄로 인하여 그 육신 안에서 죄를 정죄하셨느니라. 이것은 육신을 따라 걷지 아니하고 성령을 따라 걷는 우리 안에서 율법의 의가 성취되게 하려 하심이니라. 육신을 따르는 자들은 육신의 일들을 생각하거니와 성령을 따르는 자들은 성령의 일들을 생각하나니 육신적으로 생각하는 것은 사망이요 영적으로 생각하는 것은 생명과 평안이니라. 육신적인 생각은 하나님의 법에 복종하지 아니할 뿐 아니라 참으로 그리할 수도 없으므로 하나님을 대적하는 것이니라. 그런즉 이와 같이 육신 안에 있는 자들은 하나님을 기쁘게 할 수 없느니라. 그러나 너희 안에 하나님의 영께서 거하시면 너희가 육신 안에 있지 아니하고 성령 안에 있나니 이제 어떤 사람에게 그리스도의 영이 없으면 그는 그

복음을 선포하는
사도 바울

의 사람이 아니니라. 또 그리스도께서 너희 안에 계시면 몸은 죄로 인해 죽었으나 성령은 의로 인해 생명이 되시느니라. 그러나 만일 예수님을 죽은 자들로부터 일으켜 세우신 분의 영께서 너희 안에 거하시면 그리스도를 죽은 자들로부터 일으켜 세우신 분께서 너희 안에 거하시는 자신의 영을 통해 너희의 죽을 몸도 살리시리라. 그러므로 형제들아, 우리가 빚진 자로되 육신을 따라 살도록 육신에게 빚지지 아니하였느니라. 너희가 육신을 따라 살면 죽을 것이로되 성령을 통해 몸의 행실을 죽이면 살리라."(롬8:1~13)

그렇다. 육신을 따르는 자는 육신의 일을 생각하게 되어 하나님을 기쁘시게 할 수 없으며 결국 사망에 이를 수밖에 없다. 그러나 영을 좇아 살면 생명과 평안이 오게 된다.

아울러 하나님께서는 믿음으로 시작하였지만 거짓교사들의 속임수에 넘어가 육신을 좇아가고자 하는 자들에게 다음과 같이 책망하신다.

"너희가 그렇게 어리석으냐? 너희가 성령 안에서 시작하였다가 이제는 육체로 완전해지고자 하느냐?"(갈3:3)

이방인 신자들을 유대교로 복귀시키려는 자들이 갈라디아 교회에 와서 육신의 행위 곧 할례와 율법의식 등을 지키라고 가르칠 때 하나님께서는 사도 바울을 사용하셔서 은혜의 복음을 변호하게 하셨다. 그런데 육체를 좇으라고 주장하는 것은 비단 갈라디아 교회 내에서의 문제만은 아니었다. 기독교 이천 년 역사 상 수많은 이단 사이비 종파들과 거짓교사들이 이와 같이 육신과 그 육신에 의한 행위를 좇을 것을 교묘하게 강조해왔다.

그러나 육신으로써는 결코 어떤 선한 것도 이룰 수 없고 육신의 행위로써는 어느 누구도 구원을 받을 수가 없다. (사실 갈라디아서가 없으면 로마 카톨릭, 여호와의 증인, 안식교 등 행위구원을 주장하는 이단들에 대해 잘 알 수 없을 것이다.)

하나님께서는 계속해서 말씀하신다.

"그런즉 내가 이것을 말하노니 성령 안에서 걸으라. 그리하면 너희가 육신의 욕심을 이루지 아니하리라. 육신은 성령을 대적하여 욕심을 부리고 성령은 육신을 대적하나니 이 둘이 서로 반대가 되므로 너희가 원하는 것들을 능히 하지 못하느니라."(갈5:16,17)

"자기 육신에게 심는 자는 육신으로부터 썩는 것을 거두되 성령에게 심는 자는 성

령으로부터 영존하는 생명을 거두리라."(갈6:8)

그렇다. 우리는 결코 육신으로 하나님께 나아갈 수 없다.
그러므로 우리는 고기를 버려야 한다. 그 값비싸고 맛있는 각종 고기들을 다 똥과 함께 태워버려야 하는 것이다.

머리(head)

머리는 몸의 가장 중요한 부위이다. 신체 각 부위의 상황을 점검하고 활동을 지시하는 머리는 그 위에 다른 통제 기관이 없기 때문에 본성적으로 교만(pride)에 빠질 위험이 크게 된다. 많은 교만의 예가 있겠지만 이스라엘이 특별히 그러하였다.

"또 주께서 너(이스라엘)로 하여금 머리가 되고 꼬리가 되지 않게 하시며 위에만 있고 아래에 있지 않게 하시리니 내가 이 날 네게 명령하는 주 네 하나님의 명령들에 네가 귀를 기울이고 그것들을 지켜 행하면 그리하시리라. 너는 내가 이 날 네게 명령하는 말들 가운데 어떤 것에서든지 떠나 오른쪽으로나 왼쪽으로나 치우치지 말고 다른 신들을 따라가며 그들을 섬기지 말지니라."(신28:13,14)

하나님께서는 이스라엘로 하여금 하나님의 말씀을 좇아 살면 머리가 되게 해주시겠다고 약속하셨다. 그러나 이스라엘은 자기 민족이 잘나서 선택받은 것이 아님에도 불구하고 무수히 하나님을 반역하며 교만의 죄를 지었다. 잘 알다시피 이스라엘이라 개명되기 전 야곱은 그 이름(Jacob, '그가 발

형 에서의 장자권을 가로채고
아버지 이삭을 속여 축복을 받는 야곱

꿈치를 잡다')이 뜻하는 대로 대단한 사기꾼이었다(창25:26; 27:1~46; 28:1~22).

그런데 하나님께서 사기꾼인 야곱 곧 이스라엘을 택하셔서 인류의 구원을 이루시기 위한 마스터플랜을 세우셨다는 사실은 우리에게 분명 복된 소식이 된다. 왜냐하면 야곱과 같이 술수를 부려 죄짓기를 즐겨하는 우리도 하나님께로부터 긍휼을 입을 수 있다는 소망이 생기기 때문이다.

어찌되었든 죄 헌물을 하나님께 드릴 때 수소의 머리를 다 태워야 하였다. 하나님 보시기에 교만처럼 큰 죄도 없기 때문이다.

한 가지 예를 더 보도록 하자. 하나님께서는 형법상 가장 끔직한 죄들을 지은 다윗, 곧 간통을 하였고 그것을 은폐하기 위하여 고의적으로 살인을 하였던 다윗에게 벌을 내리셨다. 그래서 다윗은 밧세바와의 사이에서 낳은

밧세바로 인해 시험에 드는 다윗. 그러나 다윗이 자신의 교만으로 인구계수를 하자 하나님께서는 간통과 살인의 죄를 지었던 경우보다도 더 큰 심판을 행하셨다.

아이를 잃게 되었고 또 자신이 끔찍이 사랑하였던 아들 압살롬의 반역으로 인해 쫓겨 다니는 수모를 겪기도 하였다(삼하12:1~18:33).

그러나 그 후 다윗이 자신의 교만으로 인구계수를 하자 하나님께서는 다윗이 간통과 살인의 죄를 지었던 경우보다도 엄청난 심판을 행하셔서 이스라엘 백성이 무려 칠만 명이나 역병으로 죽게 하셨다(삼하24:1~25; 대상21:1~30). 이처럼 무서운 교만 죄에 대해 하나님께서는 또 어떻게 말씀하시는지 좀 더 살펴보도록 하자.

"주를 두려워하는 것은 악을 미워하는 것이니라. 나는 교만과 거만과 악한 길과 비뚤어진 입을 미워하느니라."(잠8:13)

"교만이 오면 수치도 오거니와 겸손한 자에게는 지혜가 있느니라."(잠11:2)

▶ 교만을 떨다가 수치를 당하게 된 경우들을 우리는 무수히 목격해 오고 있지 않은가.

"오직 교만에 의해서 다툼이 생기나 좋은 충고를 받는 자에게는 지혜가 있느니라."(잠13:10)
▶ 거의 모든 전쟁이 교만으로 인해 발발하였음을 역사가 증명해 주고 있다.

"멸망에 앞서 교만이 나가며 넘어짐에 앞서 거만한 영이 있느니라."(잠16:18)

"사람의 교만은 그를 낮추려니와 명예는 영이 겸손한 자를 들어 올리리라."(잠29:23)

"초신자는 아니 되나니 이것은 그가 교만으로 높아져서 마귀의 정죄에 빠지지 아니하게 하려 함이라."(딤전3:6)
▶ 교회에서 감독의 직분을 맡기 위해서 필요한 조건 중 하나가 교만하지 않아야 하는 것이다.

이와 같이 하나님께서는 우리 스스로가 머리라고 여길 때 수치와 다툼과 멸망이 오게 되며 마귀의 정죄에 빠지게 된다고 말씀하시는 것이다.
그렇다. 우리의 머리는 오직 주 예수 그리스도이셔야 한다.

"또 모든 것을 그분(그리스도)의 발아래 두시며 그분을 모든 것 위에 머리가 되게 하사 교회를 위해 주셨느니라. 교회는 그분의 몸이니 곧 모든 것 안에서 모든 것을 충만하게 하시는 분의 충만이니라."(엡1:22, 23)
▶ 예수 그리스도께서 모든 것 위에 머리가 되신다.

"남편이 아내의 머리됨이 그리스도께서 교회의 머리되심과 같나니 그분은 그 몸의

구원자시니라."(엡5:23)

"그분께서는 몸 곧 교회의 머리시니라. 그분께서 시작이시요 죽은 자들로부터 처음 난 자이시니 이것은 그분께서 모든 것에서 으뜸이 되려 하심이라."(골1:18)

"또 너희는 모든 정사와 권능의 머리이신 그분 안에서 완벽하며"(골2:10)

예수 그리스도께서 교회의 머리이시며 또한 모든 정사와 권능의 머리가 되신다. 오직 예수님만이 모든 것에서 으뜸이 되신다.
그러므로 하나님께서는 우리 스스로가 머리라고 생각하며 교만을 떨 때 그 머리를 똥과 같이 취급하신다. 따라서 그 잘난 머리를 통째로 다 똥과 함께 태워버려야 하는 것이다.

가죽+고기+머리

가죽과 고기와 머리에 대한 영적인 의미는 요한일서 2장 16절에서 정리가 된다.

"세상에 있는 모든 것 곧 육신의 정욕과 안목의 정욕과 인생의 자랑이 아버지에게서 나지 아니하고 세상에서 나느니라."(요일2:16)

지금 세상의 통치자는 마귀이다(엡2:2; 고후4:4). 아담이 마귀의 시험에 빠지지 않았다면 하나님께서 아담을 통해 계속해서 이 세상을 통치하셨을 텐데 아담의 타락이후 이 세상의 통치권은 사탄에게 넘어가게 되었다. 그러나 이것(satanocracy)은 오래가지 않는다. 잠시 후면 예수님께서 다시 오셔서 사탄의 권세를 완전히 무너뜨리시고 친히 이 세상을 통치하시는 새 시대(theocracy)가 열릴 것이다.

그러나 주님의 재림까지 우리는 사탄이 통치하는 이 세상에서 썩어질 육을 입고 정도의 차이는 있겠지만 '육신의 정욕'과 '안목의 정욕'과 '인생의 자랑'이라는 죄를 지으며 살아가게 된다.

곧 육신의 정욕인 '고기'를 취하고, 안목의 정욕인 '가죽'을 취하고, 인생의 자랑인 '머리'를 취하는 삶을 살아가게 되는 것이다. 우리는 어느 순간 이 셋 중 한 둘을 선호할 수 있겠지만 대개의 경우 이 모두를 함께 추구하게 된다.

다리(legs)

그런데 이 '가죽'과 '고기'와 '머리'를 시시때때로 이동시키는 것이 '다리'이다.

"내 아들아, 죄인들이 너를 꾈지라도 너는 동의하지 말라. 그들이 말하기를, 우리와 함께 가자. 우리가 숨어서 기다리다가 피를 흘리자. 우리가 무죄한 자들을 까닭 없이 몰래 숨어서 기다리다가 무덤같이 그들을 산 채로 삼키며 구덩이로 내려가는 자들같이 통째로 삼키자. 우리가 모든 귀한 재물을 얻으며 노략물로 우리의 집들을 채우리니 너의 제비를 우리 가운데서 뽑고 우리가 다 같이 돈주머니를 하나만 두자, 할지라도 내 아들아, 너는 그들과 함께 그 길로 다니지 말라. 네 발을 금하여 그들의 행로에서 떠나라. 그들의 발은 악을 향해 달려가며 피를 흘리려고 서두르느니라. 참으로 새가 보는 데서 그물을 치는 것은 허사로다. 그들이 자기 피를 흘리려고 숨어서 기다리며 자기 생명을 해하려고 몰래 숨어서 기다리나니 이익을 탐하는 모든 자의 길도 다 이러하여 그 이익이 그것의 소유자들의 생명을 앗아가느니라."(잠1:10~19).

"그들의 발은 피 흘리는 데 빠르므로 파멸과 고통이 그들의 길에 있어 그들이 화평의 길을 알지 못하였고 그들의 눈앞에는 하나님을 두려워함이 없느니라, 함과 같으니라."(롬3:15~18)

죄인들이 우리를 꾀어서 '가자. 육신의 정욕(고기)과 안목의 정욕(가죽)과 인생의 자랑(머리)을 위해서 가자.'라고 유혹하는 경우가 얼마나 많은가? 그러나 하나님께서는 '내 아들아, 그들과 함께 가지 말라.'고 단호하게 말씀하신다. 왜냐하면 그들과 함께 갈 때 화평이 아니라 파멸과 고통이 올 뿐이기 때문이다.

이처럼 하나님의 길을 벗어나는 행동 곧 고기와 가죽과 머리를 취하기 위한 행위는 다리를 통해 구체적으로 이뤄진다. 그러므로 하나님께서는 죄를 짓게 만드는 다리도 똥과 같이 취급하셔서 똥과 함께 태워버리도록 하시는 것이다. 아울러 하나님께서 우리의 다리에 대해 권면하시는 말씀을 들어보도록 하자.

"사악한 자들의 행로로 들어가지 말고 악한 자들의 길로 다니지 말지어다. 그것을 피하고 그 곁으로 지나가지 말며 거기서 돌이켜 떠나갈지어다."(잠4:14, 15)

"네 발의 행로를 곰곰이 생각하며 네 모든 길을 굳게 세우라. 오른쪽으로나 왼쪽으

우리는 하나님의 말씀의 기준이 있기 때문에 좁은 문으로 들어가며 또한 좁은 길로 가야 하는 것이다.

로나 치우치지 말고 네 발을 악에서 떠나게 할지어다."(잠4:26,27)
▶ 중심을 잡고 내가 어디로 걸어가는지 늘 생각하며 발걸음을 옮겨야 한다.

"어떤 길은 사람이 보기에 옳으나 그것의 끝은 사망의 길들이니라."(잠14:12)

　대도무문(大道無門)이 일견 옳게 보인다. 그리고 세상 사람들은 누구나가 다 가는 큰 길을 좋아한다. 그러나 하나님께서는 좁은 길로 가라고 하신다(마7:13,14). 쉬운 길이 아니다. 편협하다고 왕따를 당하기도 하고 보수 꼴통이라는 소리를 듣게도 된다. 그러나 우리는 하나님의 말씀의 기준이 있기 때문에 좁은 문으로 들어가며 또한 좁은 길로 가야 하는 것이다.

"그러므로 이제 그리스도 예수님 안에 있는 자들에게는 정죄함이 없나니 그들은 육신을 따라 걷지 아니하고 성령을 따라 걷느니라. 이는 그리스도 예수님 안에 있

는 생명의 성령의 법이 죄와 사망의 법에서 나를 해방시켰기 때문이라."(롬8:1,2)

"그런즉 내가 이것을 말하노니 성령 안에서 걸으라. 그리하면 너희가 육신의 욕심을 이루지 아니하리라."(갈5:16)

"만일 우리가 성령 안에서 살면 또한 성령 안에서 걸을지니"(갈5:25)

세상의 가르침이 아니라 하나님의 말씀을 충만히 받을 때 우리는 성령 충만해진다. 바로 그때 우리는 성령 안에서 걷게 되는 것이다. 또한 성령의 인도하심을 좇아 걷게 되는 그 순간 우리의 다리는 아름답게 변화될 것이다.

"그런즉 그들이 자기들이 믿지 아니한 분을 어찌 부르리요? 자기들이 듣지 못한 분을 어찌 믿으리요? 선포자가 없이 어찌 들으리요? 보내어지지 아니하였으면 그들이 어찌 선포하리요? 이것은 기록된바, 화평의 복음을 선포하며 좋은 일들의 반가운 소식을 가져오는 자들의 발이 어찌 그리 아름다운가! 함과 같으니라."(롬10:14,15)

하나님께서 우리를 아름답게 보실 때가 언제일까? 우리가 복음을 전하러 다닐 때가 아닌가!

내장(inwards)

마지막으로 하나님께서는 죄 헌물을 드릴 때 가죽, 고기, 머리, 다리뿐 아니라 내장도 똥과 함께 불태울 것을 명령하셨다. 그렇다면 이미 살펴본 대로 내장도 똥과 동격이기 때문에 불태워 없애라는 의미가 되는 것인가?

"또 그분께서 무리를 불러 그들에게 이르시되, 듣고 깨달으라. 입으로 들어가는 것이 사람을 더럽게 하지 아니하고 입에서 나오는 것이 사람을 더럽게 하느니라. 그 때에 그분의 제자들이 그분께 나아와 이르되, 바리새인들이 이 말씀을 듣고 실족한 것을 아시나이까? 하매 그분께서 대답하여 이르시되, 내 하늘 아버지께서 심지 아니하신 초목마다 뿌리째 뽑힐 터이니 그들을 그냥 두라. 그들은 눈먼 자들을 인도하는 눈먼 지도자로다. 눈먼 자가 눈먼 자를 인도하면 둘 다 도랑에 빠지리라, 하시매 베드로가 그분께 응답하여 이르되, 이 비유를 우리에게 밝히 말씀해 주옵소서, 하니 예수님께서 이르시되, 너희도 아직까지 깨닫지 못하느냐? 무엇이든지 입 안에 들어가는 것은 배로 들어가 뒤로 내버려지는 줄을 너희가 아직도 깨닫지 못하느냐? 그러나 입에서 나오는 그것들은 마음에서 나오나니 그것들이 사람을 더럽게 하느니라. 마음에서 악한 생각, 살인, 간음, 음행, 도둑질, 거짓 증언, 신성모독이 나오나니 이러한 것들이 사람을 더럽게 하거니와 씻지 않은 손으로 먹는 것은 사람을 더럽게 하지 아니하느니라."(마15:10~20)

예수님의 제자들이 손을 씻지 않고 먹는 것을 본 바리새인들과 서기관들이 예수님께 시비를 걸었다(마15:1,2). 그러자 예수님께서는 입으로 들어가는 것이 사람을 더럽게 하는 것이 아니고 입에서 나오는 것이 사람을 더럽게 한다고 말씀하셨다.

입으로 들어가는 것은 결국 똥으로 되어 버려지게 된다. 그러나 입에서 나오는 것은 입으로 들어가는 것과 정반대의 결과를 보인다. 입으로 들어가는 것은 버려지기 때문에 문제가 되지 않으나 입에서 나오는 것은 버려지지 못하여 실제적으로 사람을 더럽게 한다.

곧 사람의 마음에서 나오는 것들이 사람을 더럽게 만든다. 다시 말해 악한 생각, 살인, 간음, 음행, 도둑질, 거짓증언, 신성모독 등 사람의 마음에서 나오는 것들이 사람을 더럽게 하는 것이다.

따라서 사람의 속에서 나오는 더러운 것들 곧 '내장' 도 다 똥과 함께 불태워버려야 하는 것이다.

똥(dung)

하나님께서 가죽(skin), 고기(flesh), 머리(head), 다리(legs), 내장(inwards) 등을 다 아낌없이 불태워 없애버리라고 하신 이유는 이 모두가 똥과 같기 때문이다. 즉 똥과 동격인 것들은 다 똥과 함께 내다버려 불에 태워야 하는 것이다.

앞서 살펴본 바와 같이 우리는 엄청난 '죄 덩어리' 이다(롬3:23). 우리는 다 '똥' 이다! 죄 헌물을 드릴 때 똥이 진영 밖에서 다른 더러운 것들과 함께 완전히 불에 태워져야 했듯이 우리는 영원토록 지옥·불못에서 불과 유황으로 태워져야 마땅한 죄인인 것이다(계21:8).

쉬어가는 똥 이야기 ③

히브리 사람들의 세 가지 희생물

번제 헌물(The burnt offering or holocaust)은 희생물을 드린 사람이나 제사장을 위해 아무 것도 남기지 않고 – 단 제사장은 가죽을 취하였다 – 희생물 전체를 태우는 것이다. 희생물을 주님께 드리기에 앞서 먼저 가죽을 벗기고 발과 내장을 깨끗이 씻었다(레1:1~17; 7:8). 모든 번제 헌물에는 일반적인 죄를 인정하는 것과 그것을 속죄하는 것이 포함되어 있었다. 희생물을 전체로 태우는 것은 헌물을 드리는 사람의 입장에서는 자기 자신과 자신의 모든 것을 하나님께 바친다는 것을 뜻하였고 희생물 편에서는 속죄의 완성을 뜻하였다.

죄 헌물(Sin offering)에는 범법 헌물도 포함되어 있는 것으로 보는 것이 좋다. 죄 헌물은 번제 헌물과는 달리 무지함으로 지은 특정한 죄나 율법을 범한 것을 속죄하기 위한 것이다. 헌물을 바치는 사람은 희생물을 가질 수 없고 제사장은 일부를 가질 수 있었다(레4:1~35; 5:1~19; 6:1~30; 7:1~10).

화평 헌물(Peace offering)은 서원을 성취하면서 드리는 것으로 하나님이 주신 은혜에 감사를 드리거나(감사 헌물) 개인의 헌신을 충족하기 위한(자원 헌물) 것이다. 이스라엘 백성은 희생물로 드릴 수 있는 짐승 중에서 마음대로 골라 화평 헌물을 드렸다(레3:1~17; 7:11~34). 율법은 단지 희생물이 흠이 없어야만 한다는 것을 요구했다. 화평 헌물을 드리는 사람은 성막 문에 와서 희생 짐승에게 안수하고 그것을 죽였으며 제사장은 그 피를 취해 번제 헌물 제단 주변에 붓고 아랫배의 기름 즉 콩팥과 간과 내장을 덮은 기름은 제단에서 태웠다. 그것들을 제단 불에 태우기에 앞서 제사장은 그것들을 헌물 드리는 사람의 손에 들려 주고 그가 그것들을 높이 들어 올려서 세상의 사방을 향해 흔들게 하였다. 물론 이때에 제사장은 그의 손을 붙들고 방향을 가리켰다. 이 희생물의 가슴과 오른쪽 어깨는 그것을 드린 제사장의 몫이 되었다. 이 일 후에 나머지는 그것을 드린 사람의 몫이 되었고 그는 자기의 가족과 친구들과 함께 즐겁게 그것을 먹었다(레8:31). 화평 헌물은 속죄를 의미하고 따라서 하나님과의 화해를 뜻하며 그분과 그분의 백성과의 원활한 교제를 뜻하였다.

– 에스라 성경사전('그리스도 예수 안에' 刊) 중에서 –

PART 3
똥이 된 사람

사악한 자 | 불법을 행하는 자 | 어리석은 자 | 여로보암 | 이세벨

어리석은 자들은 하나님 대신에 돈을 포함한 다른 신들을 좇아가거나
혹은 자기 자신을 절대화하면서 진화론과 같은 새빨간 거짓말을 맹신하는 등
갖가지 우상숭배의 삶을 살아가게 된다.

온 우주만물을 창조하시고 우리를 사랑하사
독생자 예수 그리스도를 구원자로 세상에 보내주시고
또 우리를 심판하시게 될 하나님을 부인하는 자는 가장
어리석은 자임에 틀림이 없다. 하나님 보시기에
모든 사람이 다 더럽지만 특별히 하나님이 없다고 하는
어리석은 자는 더더욱 똥처럼 더럽기 짝이 없다.

성경에서 어떠한 사람들이 똥 취급을 받게 되는지 알아본 후 성경 속 인물들 중 똥같이 된 두 사람에 대해 살펴보도록 하자.

사악한 자

"네가 이것을 알지 못하느냐? 예로부터 그분께서 사람을 땅에 두신 이래로 사악한 자의 승리는 잠시뿐이요, 위선자의 기쁨은 잠깐뿐이니라. 비록 그의 뛰어남이 하늘들에까지 닿고 그의 머리가 구름들에까지 미칠지라도 그가 자기 똥(dung)처럼 영원히 사라지리라. 그를 본 자들이 이르기를, 그가 어디 있느냐? 하리라. 그가 꿈같이 날아가 버리니 찾을 수 없으며 참으로 그가 밤의 환상같이 쫓겨가리라. 그를 본 눈도 다시는 그를 보지 못할 것이요, 그의 처소도 다시는 그를 바라보지 못하리라."
(욥20:4~9)

성경에서 가장 오래 전에 기록된 책이 욥기이다. 대략 주전 2100~2200년경 욥(Job)에 의해 기록이 되었다. 이 책의 주인공이며 기록자인 욥은 사탄의 시험으로 인해 모든 소유물과 가족을 빼앗기고 전신에 심한 종기가 나이루 말할 수 없는 고통을 겪게 되었다(욥1:1~2:13).

욥이 발바닥부터 정수리까지 종기가 심하게 나서 질그릇 조각을 가져다가 자기 몸을 긁으며 재 가운데 앉아 있었을 때에 욥의 세 친구가 욥에게 재앙이 닥쳤다 하는 말을 듣고 찾아왔다. 욥의 극심한 고통을 본 그 친구들은 울며 겉옷을 찢고 머리 위로 티끌을 뿌리며 이레 동안 아무 말도 못하고 욥과 함께 앉아 있었다(욥2:7~13).

그리고 나서 대화를 나누던 가운데 나아마 사람 소발이 "사악한 자의 승리와 위선자의 기쁨은 잠깐뿐이며 이들은 똥처럼 영원히 사라진다."고 말한다. 즉 하나님께서 소발의 입을 빌어 사악한 자와 위선자가 '똥'이라고 말씀하시며 동시에 그들은 영원히 사라진다고 하시는 것이다.

그렇다면 누가 사악한 자이며 위선자인가? 대부분의 사람들은 '그래도 나는 세상에 알려진 어떤 사악한 자나 위선자보다는 훨씬 괜찮은 사람이야.'라고 생각할 것이다. 그러나 성경은 말씀한다(롬3:9~23).

"그러면 어떠하냐? 우리는 그들보다 나으냐? 결코 아니라. ~ 의로운 자는 없나니 단 한 사람도 없으며 ~ 선을 행하는 자가 없나니 단 한 사람도 없도다. ~ 모든 사람이 죄를 지어 하나님의 영광에 이르지 못하더니"(롬3:9,10,12,23)

그렇다. 비록 우리가 지식과 교육과 훈련과 교양과 세련된 테크닉 등으로 자신을 잘 포장하고 있어도 우리는 하나님 보시기에 다 죄인이며 똥으로 여겨질 뿐이다. 아울러 우리가 노벨상을 받거나 빌 게이츠처럼 세계 제일의

고난을 겪은 욥과
그를 찾아온 세 친구들의 변론

부자가 된다 할지라도 이 세상에서의 기쁨은 잠깐이요 우리는 똥처럼 사라질 수밖에 없는 존재인 것이다(약4:13,14).

"너희 생명이 무엇이냐? 그것은 곧 잠시 나타났다가 그 뒤에 사라져 버리는 수증기니라."(약4:14하)

불법을 행하는 자

"사람이 무엇이기에 깨끗하겠느냐? 여자에게서 태어난 자가 무엇이기에 의롭겠느냐? 보라, 그분께서는 자신의 성도들을 신뢰하지 아니하시나니 참으로 하늘들이라도 그분의 눈앞에서 깨끗하지 아니하거든 하물며 불법(iniquity)을 물 마시듯 하는 사람이야 얼마나 가증하고 더럽겠느냐?"(욥15:14~16)

욥을 찾아왔던 세 친구 중 데만 사람 엘리바스는 욥에게 "사람이 깨끗할 수 없으며, 특히 불법을 행하는 사람은 매우 더러운 존재"라고 말하고 있다.
그런데 여기서 사용된 '더러운(filthy)'이란 단어는 더러움(filth, filthiness), 불결한(foul), 더럽게 함(defile) 등에서와 같이 어의적으로 똥(dung)과 밀접한 관계가 있다. 즉 하나님께서는 엘리바스의 입을 통해 불법을 행하는 자는 다 '똥' 같다고 말씀하시는 것이다.
그러면 누가 법(law)을 어기는 자인가? 바로 하나님의 말씀(law) 대로 살지 못하는 모든 사람이 여기에 해당이 된다(롬3:20).

"그러므로 율법(law)의 행위로는 어떤 육체도 그분의 눈앞에서 의롭게 될 수 없나니 율법으로는 죄를 알게 되느니라."(롬3:20)

따라서 정도의 차이는 있겠지만 불법을 행하는 우리 모두는 하나님 보시기에 다 죄인이며 똥인 것이다.

어리석은 자

"어리석은 자가 마음속으로 이르기를, 하나님은 없다, 하였도다. 그들은 부패하여 가증한 일들을 행하였으니 선을 행하는 자가 하나도 없도다. 주께서 깨닫는 자나 하나님을 찾는 자가 있는지 보시려고 하늘에서부터 사람들의 자녀들을 내려다보셨으되 그들이 다 치우쳐서 다 함께 더러운(filthy) 자가 되고 선을 행하는 자가 없나니 단 한 사람도 없도다."(시14:1~3; 참조 시53:1~3)

온 우주만물을 창조하시고 우리를 사랑하사 독생자 예수 그리스도를 구원자로 이 세상에 보내주시고 또 우리를 심판하시게 될 하나님을 부인하는 자는 가장 어리석은 자임에 틀림이 없다. 하나님 보시기에 모든 사람이 다 더럽지만 특별히 하나님이 없다고 하는 어리석은 자는 더더욱 똥처럼 더럽기 짝이 없는 것이다.

그런데 이 어리석은 자들은 하나님 대신에 돈을 포함한 다른 신들을 좇아가거나 혹은 자기 자신을 절대화하면서 진화론과 같은 새빨간 거짓말을 맹신하는 등 갖가지 우상숭배의 삶을 살아가게 된다(롬1:21~23).

"그들이 하나님을 알되 그분을 하나님으로 영화롭게 하지도 아니하고 감사하지도 아니하며 오히려 자기들의 상상 속에서 허망해지고 또 그들의 어리석은 마음이 어두워졌나니 그들은 스스로 지혜 있다고 선언하나 어리석은 자가 되어 썩지 아니할 하나님의 영광을 썩을 사람이나 새나 네 발 달린 짐승이나 기어 다니는 것들과 같은 형상으로 바꾸었느니라."(롬1:21~23)

아울러 하나님을 알려하지 않기 때문에 버림받은 생각을 품게 되면서 불의, 음행, 사악함, 탐욕, 악의, 시기, 살인, 논쟁, 속임수, 적개심, 수군수군함, 뒤에서 헐뜯기, 하나님을 미워함, 업신여김, 교만, 자랑하기, 악한 일들을 꾸미기, 부모에게 불순종, 몰지각, 언약을 어김, 본성의 애정이 없음, 화해하기 어려움, 긍휼이 없음 등 갖가지 합당하지 못한 죄악들도 즐겨 행하게 되는 것이다(롬1:28~32).

"또한 그들이 자기 지식 속에 하나님 두기를 싫어하매 하나님께서도 그들을 버림받은 생각에 내주사 합당하지 못한 일들을 행하게 하셨으니 그들은 곧 모든 불의와 음행과 사악함과 탐욕과 악의로 가득하며 시기와 살인과 논쟁과 속임수와 적개심으로 가득하고 수군수군하는 자요, 뒤에서 헐뜯는 자요, 하나님을 미워하는 자요, 업신여기는 자요, 교만한 자요, 자랑하는 자요, 악한 일들을 꾸미는 자요, 부모에게 불순종하는 자요, 지각이 없는 자요, 언약을 어기는 자요, 본성의 애정이 없는 자요, 화해하기 어려운 자요, 긍휼이 없는 자라. 그들이 이런 일들을 행하는 자들은 죽어야 마땅하다는 하나님의 심판을 알고도 같은 일들을 행할 뿐 아니라 그런 일들 행하는 자들을 기뻐하느니라."(롬1:28~32)

여로보암

"그때에 여로보암의 아들 아비야가 병들매 여로보암이 자기 아내에게 이르되, 원하건대 일어나 변장하여 당신이 여로보암의 아내임을 사람들이 알지 못하게 하고 실로로 가라. 보라, 거기에 대언자 아히야가 있나니 그는 전에 내가 이 백성을 다스릴 왕이 될 것을 내게 고한 사람이니라. 당신은 빵 열 개와 과자와 꿀 한 병을 가지고 그에게로 가라. 그가 당신에게 아이가 어떻게 될지 알려 주리라, 하니라. 여로보암의 아내가 그대로 행하여 일어나 실로로 가서 아히야의 집에 이르렀으나 아히야는 나이로 인하여 눈이 굳어져서 보지 못하더라. 주께서 아히야에게 이르시되, 보라, 여로보암의 아내가 자기 아들이 병들었으므로 그를 위해 네게 물으러 오나니 너는 그녀에게 이렇게 이렇게 대답하라. 그녀가 들어올 때에 다른 여인으로 가장하리라. 그녀가 문으로 들어올 때에 아히야가 그녀의 발소리를 듣고 이르되, 여로보암의 아내여, 들어오라. 네가 어찌하여 다른 여인으로 가장하느냐? 내가 엄중한 소식을 전하라고 네게 보내어졌느니라. 가서 여로보암에게 고하되, 주 이스

하나님에 대한 불순종과 신앙의 파괴로
파멸을 부른 여로보암

라엘의 하나님께서 이같이 말씀하시기를, 내가 너를 백성 가운데서 높여 내 백성 이스라엘의 통치자가 되게 하고 다윗의 집에서 왕국을 찢어서 네게 주었거늘 네가 내 명령을 지키고 마음을 다해 나를 따르며 내 눈에 올바른 것만 행한 내 종 다윗 같지 아니하고 너 이전의 모든 사람보다 더 악을 행하였으니 네가 가서 너를 위하여 다른 신들을 만들며 부어 만든 형상들을 만들어 내 분노를 일으키고 나를 네 등 뒤로 버렸도다. 그러므로, 보라, 내가 여로보암의 집에 재앙을 가져와 담에다 소변 보는 자와 이스라엘 안에 갇힌 자나 남은 자를 여로보암에게서 끊어 버리되 사람이 거름(dung)을 제거하여 다 가지고 가듯이 여로보암의 집의 남은 자를 제거하리라. 여로보암에게 속한 자 중에 도시에서 죽는 자는 개들이 먹고 들에서 죽는 자는 공중의 날짐승들이 먹으리니 주가 그것을 말하였느니라, 하시나니 그러므로 너는 일어나 네 집으로 가라. 네 발이 도시에 들어갈 때에 그 아이가 죽으리라. 온 이스라엘이 그를 위하여 애곡하며 그를 묻으려니와 여로보암에게 속한 자 중에서 그만 무덤에 들어가리니 이는 여로보암의 집에서 주 이스라엘의 하나님을 향한 어떤 선한 일이 그에게서 발견되었기 때문이니라. 또한 주께서 친히 이스라엘을 다스릴 한 왕을 일으키실 터인즉 그가 그 날에 여로보암의 집을 끊어 버리리라. 그러나 무엇이 필요하냐? 곧 지금이니라. 주께서 이스라엘을 쳐서 물에서 흔들리는 갈대같이 되게 하시고 친히 그들의 조상들에게 주신 이 좋은 땅에서 그들을 뿌리째 뽑아 강 너머로 흩으시리니 이는 그들이 작은 숲들을 만들어 주의 분노를 일으켰기 때문이니라. 그분께서 여로보암의 죄들로 인하여 이스라엘을 버리시리니 그가 죄를 짓고 또 이스라엘로 하여금 죄를 짓게 하였느니라, 하니라."(왕상14:1~16)

이스라엘의 첫 번째 왕 사울에 이어 다윗과 솔로몬이 왕으로 이스라엘을 다스릴 때 이스라엘은 강성대국을 이루었지만 그 이후 이스라엘은 둘로 나뉘게 된다. 즉 유다와 베냐민 지파로 이뤄진 남왕국은 르호보암이 다스리고 나머지 열지파로 구성된 북왕국은 여로보암이 다스리게 된다.

그런데 이 북왕국 초대 왕인 여로보암이 자기 아들이 병들자 아내를 시켜 대언자 아히야를 찾아가 아이가 어떻게 될 것인지 묻게 한다. 그러자 아히야는 여로보암의 집이 똥처럼 제거될 것이라고 말한다.

여기서 몇 가지 생각해 볼 질문이 있다.

첫 번째로, 여로보암과 그의 아내는 병이 든 아들 아비야가 어떻게 될 것인지 궁금해서 대언자 아히야에게 물어보려 하였다. 그런데 이들처럼 누구를 찾아가 미래의 상황을 구체적으로 미리 알아보려는 것이 과연 하나님께서 원하시는 것일까?

우리 주변에는 이사 날짜를 받기 위해서나 결혼과 구직 등 개인의 앞날을 알아보기 위해 능력 있는 목사나 특별히 은사 받았다고 하는 (혹은 용하다고도 하는) 하나님의 종(?)을 찾아가는 경우도 적지 않게 볼 수가 있다.

그러나 이것은 결코 하나님께서 원하시지 않는 것이다(마6:34; 약 4:14,15).

"그러므로 내일을 염려하지 말라. 내일이 자기 것들을 염려할 것이요, 그 날의 악은 그 날에게 족하니라."(마6:34)

"내일 있을 일을 너희가 알지 못하는도다. ~ 그런 까닭에 너희가 마땅히 말하기를, 주께서 원하시면 우리가 살며 이것이나 저것을 하리라, 하여야 하나"(약4:14,15)

두 번째로, 여로보암의 아내는 왜 변장을 했을까? 다른 사람들 보기에 부끄러운 일이었기 때문이었다(그렇다면 아예 물으러 가지를 말았어야 했다.). 변장은 사탄의 특징 중 하나이다. 사탄은 빛의 천사로 가장하며 우리를 속인다(고후11:13~15).

"그것은 결코 놀랄 일이 아니니 사탄도 자기를 빛의 천사로 가장하느니라."(고후11:14)

여로보암에 앞서 사울 왕도 자신의 앞날을 물으러 갈 때 변장을 하고 갔다(삼상28:3~14). 사무엘이 죽고 난 후 블레셋 사람들이 이스라엘을 공격하려 하자 사울이 두려워 떨었다. 사울이 주께 여쭈었으나 응답이 없자 사울은 변장을 하고 부리는 영을 지닌 여인을 찾아 갔다. (이런 영을 지닌 여인은 오늘날에도 도처에 있으며 심지어 북한에도 많이 있다. 물론 북한에 지하교회도 천여 개가 있지만 점치는 사람들이 훨씬 많은 것으로 알려져 있다. 김정일 자신도 노동당 특수 비서의 직함을 가진 점치는 여인을 통해 자

여로보암은 금송아지를 만들어 이것이 이스라엘 백성을 이집트에서 이끌어낸 하나님이라고 속였다.

신의 행보를 결정한다고 한다.) 그러나 이처럼 변장하는 자들의 마지막은 그들의 행위대로 될 것이다(고후11:15).

"그러므로 그(사탄)의 사역자들 또한 의의 사역자로 가장한다 하여도 그것은 결코 큰일이 아니니라. 그들의 마지막은 그들의 행위대로 되리라."(고후11:15)

세 번째로, 왜 여로보암의 집이 저주를 받아 똥이 되었나?

이미 앞의 두 가지 질문에 대한 답에서 짐작이 되었겠지만, 여로보암이 '이전의 모든 사람보다 더 악을 행하여 자신을 위하여 다른 신들을 만들며 부어 만든 형상들을 만들어 하나님의 분노를 일으키고 하나님을 여로보암의 등 뒤로 버렸기' 때문이었다(왕상14:9).

이스라엘의 정통성은 남왕국 유다에 있었다. 예루살렘에 성전이 있었기 때문이다. 그래서 여로보암은 북왕국 이스라엘 사람들이 예루살렘 성전에 가서 희생물을 드리지 못하도록 금송아지 둘을 만들어 하나는 벧엘에 두고 다른 하나는 단에 둔 후 이것이 이스라엘 백성을 이집트에서 이끌어낸 하나님이라고 속였다. 그리고 레위 지파가 맡아야 하는 제사장 직분을 백성 중에서 가장 천한 자들이 담당하도록 하였고 장막절을 흉내내어 자기 멋대로 팔월 십오일을 명절로 정하였다(왕상12:25~33).

이처럼 철두철미하게 주 하나님에 대한 신앙을 파괴하는 작업을 한 여로보암의 집은 결국 '똥'이 되어 모든 자손이 끊어지게 된 것이다(왕상 14:17~20).

이세벨

"예후가 예스르엘에 이르니 이세벨이 그것을 듣고는 얼굴에 화장을 하고 머리를 꾸민 채 창에서 바라보다가 예후가 문에서 들어오매 그녀가 이르되, 자기 주인을 죽인 시므리에게 평안이 있었느냐? 하니 예후가 얼굴을 들어 창을 향하고 이르되, 누가 내 편이냐? 누구냐? 하매 두 세 명의 내시가 예후를 내다보므로 그가 이르되, 그녀를 내던지라, 하니 이에 그들이 그녀를 내던지매 그녀의 피의 일부가 벽과 말들 위에 튀기더라. 예후가 그녀를 발로 밟으니라. 그가 들어가서 먹고 마시고 이르되, 이제 가서 이 저주받은 여인을 보고 그녀를 묻으라. 그녀는 왕의 딸이니라, 하매 그들이 가서 그녀를 묻으려 하였으나 두개골과 발과 손바닥 외에는 더 이상 찾지 못하였으므로 그들이 돌아와 그에게 고하니 예후가 이르되, 이것은 주께서 자신의 종 디셉 사람 엘리야를 통해 말씀하신 바라. 이르시기를, 예스르엘에 속한 그 상속물 땅에서 개들이 이세벨의 살을 먹을지니라. 이세벨의 사체가 예스르엘에 속한 그 상속물 땅에서 거름(dung)같이 밭의 표면에 있으리니 그러므로 그들이, 이것이 이세벨이라, 하지 못하리라, 하였느니라, 하니라."(왕하9:30~37)

하나님의 대언자들을 핍박하고
바알 신을 섬겨
처참한 최후를 맞이한 이세벨

　이세벨이 죽었을 때 그 사체 중 대부분은 개들이 먹어치웠고 단지 두개골, 발, 손바닥만이 똥같이 밭 표면에 남아 있게 되었다.

　그러면 왜 이세벨은 이처럼 처참한 최후를 맞게 되었을까?

　이세벨은 시돈 사람들의 왕 엣바알의 딸로서 북왕국 이스라엘의 왕 아합의 부인이 된 후 남편 아합을 부추겨 여로보암보다도 훨씬 많은 악을 행하게 하였다(왕상16:29~33; 21:25).

　이세벨은 하나님의 대언자들을 끊어버렸고, 대신 자기 식탁에서 바알의 대언자 450명과 작은 숲을 섬기는 대언자 400명을 먹게 할 정도로 바알을 열심히 섬겼다(왕상18:4,19).

　그리고 갈멜 산에서 바알의 대언자들이 엘리야에 의해 몰살당했다는 얘기를 전해 듣고는 사자를 엘리야에게 보내어 엘리야를 잡아 죽이겠다고 하였다(왕상19:1,2). 그러자 이 말을 들은 엘리야는 도망을 갔는데 그 위대한 하나님의 대언자 엘리야가 이처럼 두려워 도망치게 된 것을 보면 이세벨에게는 엄청난 영적인 파워가 있었음에 틀림이 없다(왕상19:3).

또 남편 아합이 나봇의 포도원을 갖고 싶어 했지만 나봇이 거절하자 이세벨이 꾀를 내어 나봇이 하나님과 왕을 모독하였다고 벨리알의 자손 두 사람에 의해 거짓 고소케 하여 나봇이 돌에 맞아 죽게 하였다(왕상21:1~16). 이런 면에서 이세벨은 인민재판의 원조라고도 할 수 있을 것이다.

이처럼 하나님 보시기에 가증스런 악을 일삼던 이세벨은 주님의 예언대로 심판을 당해 예스르엘 성벽 옆에서 개에게 먹히며 결국 '똥'이 되고 말았던 것이다(왕상21:23; 왕하9:35~37).

쉬어가는 똥 이야기 ④

북한 똥 이야기 1

날이 조금 더 따뜻해졌다.
우리 학급은 교원들이 먹을 딸기밭에 인분 주는 일을 배당 받았다. 그 딸기밭은 산기슭 한가운데 있었다. 산나물을 캐거나 토끼풀을 채취하러 산에 간 아이들이 배가 고프면 이따금씩 몰래 들어가 따먹고는 하였다. 물론 그럴 때마다 교원들은 난리를 치고 학생들을 들들 볶아대며 범인을 잡겠다고 법석이었다. 그래도 학생들은 이리저리 경비원의 눈을 피해가며 계속적으로 딸기밭을 습격하였다.
궁리 끝에 혁명역사 교원 박태수라는 자가 족제비나 삵괭이를 잡는 데 쓰는 덫을 밭 주변에 설치해 놓았다. 결국 한 학생이 이 덫에 걸려서 발목이 잘릴 뻔하였다. 그 박태수 교원은 자기의 작전이 성공한 것을 기뻐하며 발목을 다친 그 학생을 데려다가 패기까지 했다.
이런 사연이 있는 딸기밭이 되어 놓으니 일을 하는 아이들도 마음이 내킬 리 없었다. 게다가 또 인분을 퍼 나르는 일이니 모두 다 마지못해 움직이고 있었다.
우리는 인분통을 들고 다니며 변소마다 뒤져서 퍼낸 인분을 산까지 운반하였다. 다음에는 그 인분을 조금씩 퍼서 딸기 한 포기마다 간격을 두고 밑거름을 주는 것이었다. 이때 만약 냄새가 싫다고 얼굴을 찡그리거나 일을 태만히 하면 대번에 변소 청소를 시켰다. 이 변소 청소라는 것은 그냥 하는 것이 아니고 변소바닥을 손바닥으로 닦아내는 것이었다. 또 감독의 미움을 받으면 인분을 손으로 퍼서 딸기밭에 주도록 하는 벌을 내렸다.
손바닥에 직접 인분을 묻히면서 몇 시간씩 그 일을 하고 나면 마침내는 더 참지 못하고 쓰러지는 아이들도 생긴다. 그 아이들의 손은 시퍼렇게 똥독이 올라 퉁퉁 부어 있었다. 어쩌다가 인분이 딸기 잎에라도 묻으면 "이 새끼! 뭘 하는 거야. 눈깔이 빠졌나!" 하고 몽둥이나 가죽 회초리가 사정없이 날아들었다. 가뜩이나 허기진 아이들은 휘청거리며 독한 인분 냄새에 눈도 제대로 뜨지 못하고 숨도 못 쉬어 헉헉거렸다.
어느 날이었다. 그날도 딸기밭에 인분을 주기 위해 아침부터 산으로 향했다. 그때 갑자기 교원이 호루라기를 '휙' 불더니 한 학생의 덜미를 잡아끌었다. 우리는 모두 '오늘은 또 아침부터 무슨 날벼락이 떨어지려구 그러나' 싶어 가슴이 조마조마하였다.
"너 이 새끼, 어저께 뭐라구 불평불만을 했다구? 좋아, 어디 입으로 그 불평이 쏙 들어가게 해주마."
교원은 아침부터 웬 기운이 그렇게 펄펄 나는지 악다구니를 써가며 그 아이를 두들기고 발길로 차고 야단이었다. 이야기인즉슨, 어제 그 학생이 인분을 나르면서 뭐라고 투덜거리며 교원에 대해 욕을 했다는 것이었다. 그것을 옆에 지나가다가 들은 다른 아이가 교원에게 고자질을 한 것이었다.

교원들은 이렇게 스파이 노릇을 하는 아이에게는 책임량을 한번쯤 적게 해준다든가, 혁명정신이 투철하다며 치켜세워 주던가 하였다. 그래서 우리는 마음이 꼭 맞는 아이들끼리가 아니면 절대로 교원 욕을 내놓고 하는 적이 없었다. 그런데 어쩌다 그 아이가 운이 나쁘게 걸려든 것이었다.
"자, 이 새끼. 지금부터는 이 똥통으로 들어가서 바닥을 손으로 쓸어낸다. 실시!"
교원 욕을 했다는 그 학생은 실컷 두들겨 맞은 터라 몸도 제대로 가누지를 못하고 있었다.
"이 새끼가 그래도 정신을 못 차렸나? 어서 들어가!"
교원은 그 아이를 발길로 차서 똥통 속으로 밀어 넣었다. 그 아이는 곧 간신히 기어서 다시 똥통 밖으로 나와버렸다.
"아니, 이 간나새끼가! 누가 이기나 해볼까?"
교원은 분이 나서 아이를 또 밀어 넣었다. 그 아이는 비틀거리면서도 다시 기어 나왔다. 마치 이런 모욕은 못 참겠다는 듯이 시위를 하는 것 같았다. 교원은 기어 나오는 아이의 머리를 구둣발로 짓뭉갰다. 어느새 그 아이의 머리와 얼굴은 똥과 피가 뒤엉켜 볼썽 사납게 되었다.
"좋아. 이 악질분자 같으니라구. 네가 이기나 내가 이기나 어디 해보자."
그날 그 학생은 하루 종일 똥을 날랐다. 조금이라도 멈칫거리거나 쉬는 기미가 보이면 당장에 가죽채찍이 날아들었다. 밭에 가서는 손으로 똥을 퍼 나르게 하였다. 오전과 오후 내내 그 일을 하다가 그 아이는 그만 입에 거품을 물고 그 자리에서 쓰러지고 말았다. 학생들은 교원의 그 야만적인 행위에 모두들 치를 떨었다.
"어떤 놈이고 저 새끼 근처에 얼씬거리는 새끼 혼날 줄 알아." 하는 호령에 겁이 나서 옴짝도 하지 못하였다.
해가 지고 각자 집으로 돌아갈 때가 되어도 그 아이는 일어날 줄을 몰랐다.
아침에 학교에 가니 운동장에서 통곡소리가 들려왔다. 그 학생의 어머니가 와서 죽은 아이를 붙들고 땅을 치며 통곡을 하고 있었다. 그 학생은 결국 죽은 것이었다. 교원 몇 사람과 교장이 나왔다. 그러나 그들의 눈빛과 얼굴에는 미안해하는 기색이라고는 추호도 없었다. 오히려 살기가 등등할 뿐이었다.
"이 새끼들, 똑바로 봐두라. 선생한테 반항하는 놈은 이렇게 되는 거야."
우리는 모두 몸을 떨었다.

-강철환 저 '수용소의 노래' 중에서-

PART 4

똥을 안 사람

다윗 | 이사야 | 똥 바로 보기 | 똥 피하기 | 똥 다스리기

사도 바울은 세상의 '모든 것'을 다 '똥'으로 간주하였다.
왜냐하면 세상의 모든 것들이 다 똥이라는 인식이 없이는 하나님께로부터 난
의(義)를 소유할 수 없기 때문이었다.

그런데 구원이라고 하는 것은
그 주체가 누구냐 하는 것이 매우 중요하다.
왜냐하면 자기가 똥인 것을
알았다고 하더라도 누구에게 똥을 제거해달라고
해야 할지 모른다면
구원을 받을 수 없기 때문이다.

자신이 똥인 것을 알았던 성경 속 인물들에 대해 알아본 후 똥을 어떻게 제거하며 다스려야 하는지 살펴보도록 하자.

다윗

"어리석은 자가 마음속으로 이르기를, 하나님은 없다, 하였도다. 그들은 부패하여 가증한 불법을 행하였으니 선을 행하는 자가 하나도 없도다. 하나님께서 깨닫는 자나 하나님을 찾는 자가 있는지 보시려고 하늘에서부터 사람들의 자녀들을 내려다보셨으되 그들이 모두 물러가 함께 더러운(filthy) 자가 되고 선을 행하는 자가 없나니 단 한 사람도 없도다."(시53:1~3)

'마할랏에 맞추어 악장에게 준 마스길, 다윗의 시'란 타이틀이 붙은 시편 53편에서 다윗은 자신을 포함한 모든 사람이 '더러운 자' 곧 '똥' 인 것과 '선을 행하는 자가 단 한 사람도 없음'을 고백한다. 마찬가지로 다윗의 시대로부터 무려 10세기가 지난 후 사도 바울도 다윗의 이 시편 구절을 인용하며 다윗과 똑같은 인식을 하고 있는 것을 볼 수 있다(롬3:10~12).

"이것은 기록된바, 의로운 자는 없나니 단 한 사람도 없으며 깨닫는 자도 없고 하나님을 찾는 자도 없으며 그들이 다 길에서 벗어나 함께 무익하게 되고 선을 행하는 자가 없나니 단 한 사람도 없도다."(롬3:10~12)

그런데 이처럼 다윗과 같이 자신이 똥이라는 사실을 깨닫게 될 때 우리에게는 엄청난 좌절감과 두려움이 엄습해오지만, 한편으로는 놀라운 반전의 기회가 주어질 수 있다. 왜냐하면 자신이 똥인 것을 아는 것이 '구원의 길'의 출발점이 되기 때문이다.

그러면 여기서 자신이 똥인 것을 안 사람만이 갈 수 있는 그 복된 길(Roman road)을 잠시 따라가 보도록 하자.

① "이것은 기록된바, 의로운 자는 없나니 단 한 사람도 없으며"(롬3:10)
▶ 이 시편 53편을 기록한 다윗뿐 아니라 역사 이래 의로운 자는 하나도 없다.

② "모든 사람이 죄를 지어 하나님의 영광에 이르지 못하더니"(롬3:23)
▶ 모두가 죄인이므로 스스로는 하나님의 영광이 가득한 천국에 갈 수 없다.

③ "그러므로 한 사람으로 말미암아 죄가 세상에 들어오고 죄로 말미암아 사망이

시험과 범죄를 통해 자신이 똥임을 깨닫고
철저히 회개하고 돌이킨 다윗

들어왔나니 이와 같이 모든 사람이 죄를 지었으므로 사망이 모든 사람에게 임하였
느니라."(롬5:12)
▶ 여기서 한 사람은 아담을 가리킨다. 주지하다시피 아담의 타락으로 말미암아 죄와 사
망이 이 세상에 들어오게 되었다. 그래서 아담의 후손 곧 아담의 죄의 유전자를 물려받은
온 인류는 아담처럼 사망에 이르게 되었다.

④ "죄의 삯은 사망이나"(롬6:23상)
▶ 죄의 삯인 사망은 두 가지로 나누어진다. 첫 번째는 육체적 사망이고, 두 번째는 영적
사망이다. 영적 사망은 죄 문제를 해결 받지 못했을 때 우리 혼(soul)이 지옥·불못(계
21:8)에 가는 것을 말한다. 즉 똥이 이스라엘 진영 밖으로 내보내져 불태워졌던 것처럼
영원히 불과 유황에 타는 것이 둘째 사망이다.

⑤ "우리가 아직 죄인이었을 때에 그리스도께서 우리를 위해 죽으심으로 하나님께
서 우리를 향한 자신의 사랑을 당당히 제시하시느니라."(롬5:8)
▶ 그러나 예수님께서 우리를 일방적으로 사랑하셔서 우리가 받아야 될 둘째 사망 곧 지

옥·불못의 형벌을 십자가에서 우리 대신 담당하셨다.

⑥ "하나님의 선물은 예수 그리스도 우리 주를 통한 영원한 생명이니라."(롬6:23 하)
▶ 이것은 비록 우리가 똥냄새 풍기면서 죽을 때까지 살다가 지옥·불못에 들어갈 수밖에 없는 존재이지만 예수 그리스도 우리 주를 통해 영원히 살 수 있다는 말이다. 즉 하나님의 선물인 영원한 생명을 예수님을 통해 받아들이기만 하면 실제로 영생을 얻을 수 있다는 것이다. 왜냐하면 선물은 그 정의상 받기만 하면 그 소유권이 받은 사람에게로 이전이 되는 것이기 때문이다. 너무나 놀라운 소식이지 않는가!

⑦ "네가 만일 네 입으로 주 예수님을 시인하고 하나님께서 그분을 죽은 자들로부터 살리신 것을 네 마음속으로 믿으면 구원을 받으리니 사람이 마음으로 믿어 의에 이르고 입으로 시인하여 구원에 이르느니라."(롬10:9,10)
▶ '예수'란 뜻은 '자기 백성을 그들의 죄에서 구원하는 자'(마1:21)이다. 그래서 예수님께서 나의 죄를 구원하시기 위해 십자가에 달려 피 흘려 돌아가셨다가 삼일 만에 부활하여 사망과 지옥의 권세로부터 승리하신 것을 믿기만 하면 구원을 받는 것이다. 아울러 이 사실을 확실히 믿고 자기 입으로 시인하면, 즉 '영접기도'를 하면 확실히 구원받게 되는 것이다(마음으로 믿기만 하는 것보다 입으로 시인하는 '영접기도'를 하면 하나님뿐 아니라 기도하는 당사자도 그 기도를 듣게 되기 때문에 더 유익이 있다.).

⑧ "누구든지 주의 이름을 부르는 자는 구원을 받으리라."(롬10:13)
▶ 따라서 이제까지 언급된 내용을 다 인정하고 누구든지 주 예수님의 이름을 다음과 같이 불러 예수님을 구주로 영접하면 구원을 받게 된다.

"주 예수님, 죄인인 저를 불쌍히 여겨 주세요. 저는 죽어서 지옥에 가고 싶지 않습니다. 이제 예수님을 저의 인격적인 구원자로 모셔들입니다. 십자가에서 저의 죄를 위해 돌아가신 것을 감사드립니다. 아멘." (Lord Jesus, be merciful to me a sinner. I don't want go to Hell when I die. Now I do receive you as my personal Saviour. Thank you for dying for my sins on the cross. Amen.)

거듭 강조하거니와 이 길(Roman road) 곧 '천국으로 인도하는 길'(Road to Heaven)을 그대로 믿고 따라가면 누구든지 천국에 도달하게 된다.

다윗도 이와 같은 구원을 받았다. 그래서 그는 자신이 똥인 것을 고백한 시편 53편의 마지막 절에서 그 구원의 기쁨을 노래하고 있는 것이다.

"오 이스라엘의 구원이 시온에서 나오기를 원하노라! 하나님께서 자신의 백성의 포로 된 것을 되돌리실 때에 야곱이 기뻐하며 이스라엘이 즐거워하리로다."(시53:6)

이사야

"오 하나님이여, 세상이 시작된 이래로 하나님께서 자신을 기다리는 자를 위하여 예비하신 것을 주 외에는 들은 자가 없으며 귀로 깨달은 자도 없고 눈이 본 적도 없었나이다. 주께서는 기쁘게 의를 행하는 자와 주의 길들에서 주를 기억하는 자를 만나시거늘, 보소서, 우리가 죄를 지었으므로 주께서 진노하셨사오나 주의 길들이 지속되므로 우리가 구원을 받으리이다. 그러나 우리는 다 부정한 물건 같아서 우리의 모든 의는 '더러운 누더기'(filthy rags) 같으며 우리는 다 잎사귀같이 시들므로 우리의 불법들이 바람같이 우리를 몰아가나이다. 주의 이름을 부르는 자가 없으며 스스로 분발하여 주를 붙잡는 자도 없사오니 이는 주께서 주의 얼굴을 우리에게 숨기셨으며 우리의 불법들로 인하여 우리를 소멸시켰기 때문이니이다."(사64:4~7)

둘째 사망 곧 지옥·불못의 형벌을
십자가에서 우리 대신 담당하신 예수 그리스도의 고난

　구약의 위대한 대언자 이사야는 이처럼 자신의 의(義)가 '더러운 누더기' 곧 '똥 걸레'임을 고백하고 있다. 즉 이사야도 자신이 똥임을 인식한 사람 중의 하나였다. 그래서 그도 구원을 받을 수 있었다. 또 그렇기 때문에 이사야는 감히 하나님을 아버지라고 부를 수 있었다(사64:8; 요1:12; 롬8:14,15; 갈4:6).

　"오 주여, 그러나 이제 주는 우리의 아버지시니이다. 우리는 진흙이요, 주는 우리의 토기장이시오니 우리는 다 주의 손으로 지으신 것이니이다."(사64:8)

똥 닦기

　이미 살펴본 대로 다윗과 이사야처럼 자기가 똥인 것을 알고 주님께 나아가면 누구든지 구원을 받게 된다.

4장 | 똥을 안 사람

자신의 의(義)가
'더러운 누더기' 같음을
고백한 이사야

그런데 구원이라고 하는 것은 그 주체가 누구냐 하는 것이 매우 중요하다. 왜냐하면 자기가 똥인 것을 알았다고 하더라도 누구에게 똥을 제거해달라고 해야 할지 모른다면 구원을 받을 수 없기 때문이다.

스가랴서를 통해 이 사실을 한 번 더 살펴보도록 하자.

"대제사장 여호수아는 주의 천사 앞에 서 있고 사탄은 그의 오른쪽에 서서 그를 대적하는 것을 그분께서 내게 보이시니라. 주께서 사탄에게 이르시되, 오 사탄아, 주께서 너를 책망하시기 원하노라. 곧 예루살렘을 택하신 주께서 너를 책망하시기 원하노라. 이것은 불 속에서 잡아챈 그슬린 나무 조각이 아니냐? 하시더라. 이제 여호수아는 더러운 옷(filthy garment)을 입고 그 천사 앞에 서 있더니 그분께서 자기 앞에 서 있던 자들에게 응답하여 이르시되, 그에게서 그 더러운 옷을 벗기라.

하시고 또 그에게 이르시되, 보라, 내가 네 불법을 네게서 떠나게 하였으니 이제 의복을 바꾸어 네게 입히리라, 하시기에 내가 이르되, 그들이 그의 머리 위에 아름다운 관을 씌우게 하소서, 하매 이에 그들이 그의 머리 위에 아름다운 관을 씌우며 그에게 옷을 입히고 주의 천사는 곁에 서 있더라."(슥3:1~5)

대제사장 여호수아도 '똥 걸레'(filthy garment)를 걸치고 주의 천사 앞에 서 있었다. 그러자 하나님께서는 천사들에게 명령하셔서 여호수아의 그 더러운 옷을 벗겨주셨다.

그렇다. 비단 여호수아의 경우에서뿐이겠는가. 역사 이래 그 어느 누구도 스스로 자신이 입고 있는 '똥 걸레'를 벗을 능력이 없다. 그러므로 그 더러운 똥은 오직 하나님께서 명령하셔야 제거될 수 있는 것이다. 다시 말해서 하나님께서만 구원의 주체가 되시는 것이다.

아울러 여호수아에게서 똥 걸레를 제거하신 하나님께서는 계속해서 여호수아의 머리에 아름다운 관도 씌우며 의복을 완전히 바꾸어 입혀주셨다.

그런데 여기서 여호수아가 새로 입은 의복은 어떠한 의상이었는지 또 우리도 장만하려면 어떻게 하여야 하는 것인지 요한계시록을 통해 한번 알아보도록 하자.

"이 일 후에 내가 보니, 보라, 아무도 능히 셀 수 없는 큰 무리 곧 모든 민족과 족속과 백성과 언어에서 나온 큰 무리가 흰 예복을 입고 손에 종려나무 가지를 들고 왕좌 앞과 어린양 앞에 서서 큰 음성으로 외쳐 이르되, 구원이 왕좌에 앉으신 우리 하나님과 어린양에게 있도다, 하니 모든 천사들이 왕좌와 장로들과 네 짐승 주위에 섰다가 왕좌 앞에 얼굴을 대고 엎드려 하나님께 경배하여 이르되, 아멘, 찬송과 영광과 지혜와 감사와 존귀와 권능과 힘이 우리 하나님께 영원무궁토록 있으리로

다. 아멘, 하더라. 장로들 중에서 한 사람이 응답하여 내게 이르되, 흰 예복을 차려 입은 이 사람들은 누구냐? 또 그들이 어디서 왔느냐? 하매 내가 그에게 이르되, 장로여, 당신이 아시나이다, 하니 그가 내게 이르되, 이들은 큰 환난에서 나와 자기 예복을 씻고 어린양의 피로 그것을 희게 한 자들이니라."(계7:9~14)

그렇다. 여호수아가 똥 걸레를 벗고 나서 새로 입은 옷은 바로 그 똥 걸레를 어린양의 피로 씻어서 희게 한 예복이다.

따라서 누구든지 어린양의 피 곧 예수님의 피로 자신의 똥을 씻어버리길 원한다면 (비록 입고 있던 옷 자체는 그대로이지만) 묻어 있던 똥은 완전히 제거될 수가 있는 것이다. 왜냐하면 예수 그리스도의 피가 모든 죄에서 우리를 깨끗하게 할 수 있기 때문이다(요일1:7; 벧전1:18,19).

"또 그분의 아들 예수 그리스도의 피가 모든 죄에서 우리를 깨끗하게 하느니라." (요일1:7하)

"너희가 알거니와 너희 조상들로부터 전통으로 물려받은 너희의 헛된 행실에서 너희가 구속(救贖)받은 것은 금이나 은같이 썩을 것들로 된 것이 아니요, 오직 흠도 없고 점도 없는 어린양의 피 같은 그리스도의 보배로운 피로 된 것이니라."(벧전1:18,19)

똥 바로 보기

그러면 이제 예수님의 보혈(寶血-부록에서 자세히 언급될 것이다.)로 똥을 완전히 씻음 받아 구원받게 된 자들은 이 세상을 어떻게 살아가야 하는지 살펴보도록 하자.

첫 번째로 우리는 똥 문제를 해결 받았음에도 불구하고 계속 똥을 안팎으로 인식하며 살아가야 한다(빌3:7~9).

"그러나 무엇이든지 내게 이득이 되던 것들을 곧 그것들을 내가 그리스도를 위하여 손실로 여겼으며 참으로 확실히 모든 것을 손실로 여김은 그리스도 예수 내 주를 아는 지식이 매우 뛰어나기 때문이라. 내가 그분을 위하여 모든 것의 손실을 입고 그것들을 단지 배설물(dung)로 여김은 내가 그리스도를 얻고 율법에서 난 내 자신의 의가 아니라 그리스도의 믿음을 통한 의 곧 믿음으로 말미암아 하나님께로부터 난 의를 소유한 채 그분 안에서 발견되려 함이라."(빌3:7~9)

우리가 소유하고 있는 것들 중 극히 일부분만 포기하라 하여도 오랫동안 아쉬움이 남을 수 있는데 사도 바울은 세상의 '모든 것'을 다 '똥'으로 간주하였다. 즉 사도 바울은 자기에게 이득이 되던 것들을 포함하여 세상의 모든 것들을 다 과감하게 버렸다. 왜냐하면 세상의 모든 것들이 다 똥이라는 인식이 없이는 하나님께로부터 난 의(義)를 소유할 수 없기 때문이었다.

두 번째로 이제는 우리가 오히려 세상의 똥이 되어야 한다(고전4:9~13).

"내가 생각하건대 하나님께서 사도인 우리를 죽이기로 정하신 자같이 마지막에 두셨나니 우리가 세상과 천사들과 사람들에게 구경거리가 되었노라. 우리는 그리스도로 인해 어리석은 자가 되었으나 너희는 그리스도 안에서 지혜롭고 우리는 약하나 너희는 강하며 너희는 존귀하나 우리는 멸시를 받으니 바로 현재 이 시각까지도 우리가 굶주리고 목마르며 헐벗고 매 맞으며 일정한 거처가 없고 또 수고하여

오물 취급을 받으면서도
하나님의 보상을 기다리며
인내했던 바울

우리 손으로 일하며 욕을 먹으나 축복하고 핍박을 받으나 그것을 참으며 비방을 당하나 간절히 권면하니 우리가 이 날까지 세상의 오물(filth)같이 되고 모든 것의 찌꺼기가 되었노라."(고전4:9~13)

사도 바울은 그리스도로 인해 죽음에 이를 정도의 고난을 수없이 받아 마침내 세상의 똥같이 되고 모든 것의 찌꺼기가 되어버렸다.

그런데 세상의 모든 것들을 똥으로 여기는 것도 어려운 일이지만, 반대로 세상 사람들이 자기를 똥으로 취급하는 상황은 더욱 견디기가 쉽지 않을 것이다. 그러나 세상에서 똥이 된 사도 바울은 하나님의 보상(reward)을 확신하면서 오히려 우리에게 자신을 따르라고 간청한다(빌3:12~14; 고전 4:14~16).

"형제들아, 나는 내가 이미 붙잡은 줄로 여기지 아니하고 다만 이 한 가지 일을 행하나니 곧 뒤에 있는 그것들은 잊어버리고 앞에 있는 그것들을 잡으려고 나아가 그리스도 예수님 안에서 하나님의 높은 부르심의 상(prize)을 받으려고 푯대를 향해 밀치며 나아가노라."(빌3:13,14)

"그러므로 너희에게 간청하노니 너희는 나를 따르는 자들이 되라."(고전4:16)

똥 피하기

똥에 대한 인식을 바로 하였다 하더라도 우리가 이 세상을 살아가면서 똥칠을 하지 않을까 늘 주의를 기울여야 할 세 가지 요소가 있다.

첫째로, 말을 조심해야 한다. 그렇지 않으면 똥칠을 하기가 쉽다.

"이제는 너희도 이 모든 것을 내버리라. 곧 분노와 진노와 악의와 신성모독과 너희 입에서 나오는 더러운 대화(filthy communication)라."(골3:8)

우리 입에서 나오는 똥 같이 더러운 대화를 내어버려야 한다. 우리가 입술로 얼마나 죄를 많이 짓는가.

"이와 같이 혀도 작은 지체로되 큰일들을 자랑하는도다. 보라, 작은 불이 얼마나 큰 물체를 태우는가! 혀는 불이요, 불법의 세계라. 이와 같이 혀는 우리의 지체들 가운데 하나로 온 몸을 더럽히고(defileth the whole body) 본성의 행로에 불을 붙이며 자기도 지옥 불 위에 놓여 있느니라. 모든 종류의 짐승과 새와 뱀과 바다에 있는 것들은 길들일 수 있고 또 사람이 길들여 왔으나 혀는 아무도 능히 길들이지

더러운 이익을 탐하는 것은
맘몬이라는 우상을 숭배하는 것이다.

못하나니 그것은 다스릴 수 없는 악이요 죽이는 독으로 가득한 것이니라."(약 3:5~8)

몸의 작은 지체 하나에 불과한 혀로 인해 하시라도 온 몸에 똥칠을 할 수 있는 것이다.

둘째로, 돈을 탐하지 말아야 한다. 자칫하면 똥칠을 하게 된다.

"남자가 감독의 직분을 사모하면 선한 일을 사모한다는 이 말은 참된 말이로다. 그러므로 감독은 반드시 책망 받을 것이 없으며 한 아내의 남편이며 깨어 있으며 맑은 정신을 가지고 있으며 행실이 바르며 손님 대접하기를 힘쓰며 가르치는 재능이 있으며 자기를 술에 내주지 아니하며 구타하지 아니하며 더러운 이익(filthy lucre)을 탐내지 아니하며 오직 인내하며 말다툼하지 아니하며 탐욕을 부리지 아니하며 자기 집을 잘 다스려서 자기 자녀들을 모든 위엄으로 복종시키는 자라야 할 것이며 ~ 이와 같이 집사들도 반드시 신중하며 한 입으로 두 말하지 아니하며 자기를 많은 술에 내주지 아니하며 더러운 이익(filthy lucre)을 탐내지 아니하며 순수한 양심 속에 믿음의 신비를 간직한 자라야 할지니라. 이 사람들도 먼저 시험해 보고 그 뒤에 책망 받을 것이 없는 것으로 드러나면 그들이 집사의 직분을 수행하게 할지니라."(딤전3:1~4, 8~10)

"감독은 하나님의 청지기로서 결코 책망 받을 것이 없어야 하느니라. 그는 자기 뜻대로 하지 아니하며 쉽게 화내지 아니하며 자기를 술에 내주지 아니하며 구타하지 아니하며 더러운 이익(filthy lucre)에 빠지지 아니하며"(딛1:7)

감독(목사, 장로), 집사 등의 교회 직분을 맡으려면 똥 같이 더러운 이익을 추구하여서는 안된다.

"너는 반드시 그들의 입을 막아야 하리라. 이런 자들은 더러운 이익(filthy lucre)을 얻으려고 자기들이 마땅히 가르쳐서는 안될 것들을 가르쳐 가정들을 온통 뒤엎는도다."(딛1:11)

여러 이단 사이비 종파들에서 더러운 이익을 얻으려고 잘못된 교리를 가르쳐서 가정이 파괴되는 것을 우리는 너무나 많이 보아오지 않았던가!

"너희 가운데 있는 장로들에게 권면하노니 나 역시 장로요 그리스도의 고난의 증인이요 또한 앞으로 나타날 영광에 참여할 자니라. 너희 가운데 있는 하나님의 양 떼를 먹이고 감독하되 억지로 하지 말고 자진해서 하며 더러운 이익(filthy lucre)을 위해 하지 말고 오직 준비된 마음으로 하며 하나님의 상속 백성 위에 군림하지 말고 오직 양 떼에게 본이 되라."(벧전5:1~3)

목사가 돈을 위해 양떼를 감독하게 되면 이것은 하나님을 사랑하는 것이 아니라 돈 곧 맘몬이란 우상을 숭배하는 것이다. 물론 돈을 사랑하지 말아야 하는 것은 영적 리더에게만 해당되는 것이 아니다(마6:24; 딤전6:10).

"돈을 사랑함이 모든 악의 뿌리이니 어떤 자들이 돈을 탐내다가 믿음에서 떠나 잘 못하고 많은 고통으로 자기를 찔러 꿰뚫었도다."(딤전6:10)

셋째로, 육적으로 뿐 아니라 영적으로도 깨끗하여야 한다. 영적으로 깨어 있지 못하면 정말 심각하게 똥칠을 하게 된다.

"그러므로 극진히 사랑하는 자들아, 우리가 이 약속들을 가졌은즉 하나님을 두려워하는 가운데 거룩함을 완전히 이루어 육과 영의 모든 더러움(all filthiness of the flesh and spirit)에서 우리 자신을 깨끗하게 하자."(고후7:1)

육과 영의 모든 더러움에서 우리 자신을 깨끗하게 하자는 말은 고린도후서 6장 14~16절의 내용이 전제가 되어야 이해가 쉬울 것이다.

"너희는 믿지 않는 자들과 더불어 공평하지 않게 멍에를 같이 메지 말라. 의와 불의가 어찌 사귀겠느냐? 빛과 어둠이 어찌 친교를 나누겠느냐? 그리스도와 벨리알이 어찌 일치하겠느냐? 혹은 믿는 자가 믿지 않는 자와 무슨 몫을 나누겠느냐? 하나님의 성전과 우상들이 어찌 조화를 이루겠느냐? 너희는 살아 계신 하나님의 성전이니라."(고후6:14~16하)

성숙한 그리스도인이라면 영적으로 다른 사람과 모든 것을 함께 할 수 없

진정한 그리스도인은
종교다원주의나 종교혼합주의의 운동에 참석할 수 없다.

다는 사실을 잘 이해할 것이다. 예를 들면 진정한 그리스도인에게서 불신자와의 결혼은 불가능한 것이며, 세계종교평화회의 같이 세상 사람들에게 찬사를 받는 종교다원주의나 종교혼합주의의 운동에 진정 하나님을 두려워하는 그리스도인은 참석할 수 없는 것이다.

다른 믿음을 지닌 자들과 영적으로 하나가 되는 것은 아무리 내걸은 타이틀이 좋아도 결국 영적으로 똥칠을 하는 것이 된다.

똥 다스리기

마지막으로, 똥칠을 하지 않도록 똥에 대한 바른 인식을 갖고 주의하는 것과 더불어 우리가 반드시 해야 할 것이 하나가 있다. 그것은 하나님의 말씀을 온유함으로 받고 말씀대로 행하는 것이다(약1:21,22). 그래야 진정으로 똥 다스리기에 성공을 할 수가 있다.

"그러므로 모든 더러움(all filthiness)과 넘치는 악을 내버리고 접붙여진 말씀 곧 능히 너희 혼을 구원할 수 있는 말씀을 온유함으로 받으라. 오직 너희는 말씀을 행하는 자가 되고 듣기만 하여 너희 자신을 속이는 자가 되지 말라."(약1:21,22)

우리가 매일 성경을 읽고, 성경공부에 참여하고, 영과 진리로 예배드림 등을 통해 우리는 똥칠을 하지 않는 삶을 추구할 수 있게 된다. 물론 때로는 말씀을 받아도 행하지 않음으로 인해 똥칠을 할 수 있고 또 아예 말씀을 받지 않아 완전히 똥구덩이 속에 처박히게 될 경우도 있을 수 있다.

그래서 매일 말씀을 읽고, 묵상하고, 행하는 능동적인 믿음의 생활을 할 때 우리는 진정으로 모든 똥(all filthiness)을 다스릴 수 있으며, 또 그러할 때 하나님께서는 여러 가지 멋진 보상(reward)으로 언제든 우리에게 갚아 주실 것이다.

"우리 주 예수 그리스도의 은혜가 너희 모두와 함께 있을지어다. 아멘."(계22:21)

쉬어가는 똥 이야기 ⑤

북한 똥 이야기 2

교화생활 준칙에 따라 생활하는 죄수들이 준칙을 어겼을 때는 독감방 처벌을 받게 된다. 준칙에 지적된 규율위반이 한두 번 반복되면 낙후자반에 보내진다.

낙후자반은 교화생활에서 뒤쳐져 생활하는 죄수들로 만들어진 조직이라는 의미에서 그렇게 부른다. 그들은 죄수 중에서도 육체적으로나 정신적으로나 제일 힘든 생활을 한다. 낙후자반의 생활은 3개월, 6개월, 1년 단위로 정해져 있다. 만약 거기에서 또 규율위반 행위(승인 없이 말하는 것, 작업태만 등)를 했을 때에는 형기를 더 연장할 수도 있다. 그들은 교화소 내 변소의 인분을 실어다 인분탱크에 모았다가 바깥 농산반으로 보내는 일을 한다. 800kg짜리 철판으로 만든 탱크를 실은 수레를 5명이 한 조가 되어 운반한다. 그들은 공장, 감장에 있는 변소를 풀 때 10리터들이 고무양동이에 밧줄을 매어 손으로 인분을 퍼 담는다. 양동이 무게 때문에 힘이 부쳐 퍼 올리다가 그대로 꼬꾸라져 변소 탱크에 빠지는 일은 흔히 있는 일이다.

91년 여름 장마철에 평양시에서 온 이옥단이라는 여자가 인분탱크에 빠져 죽었다. 그는 장맛비가 하루 종일 쏟아지는 속에서 비를 맞으며 인분을 퍼 날랐다. 인분탱크의 문이 잘 열리지 않자 그것을 연다고 탱크 위에 올라섰다가 빗물에 미끄러져 탱크 속에 빠진 것이다. 탱크 안은 너무나 깊고 크기 때문에 밧줄을 매지 않고는 감히 들어갈 수 없다.

"야. 이년들아! 너희도 귀신 몰래 죽지 않으려면 그냥 내버려 둬."

옆에서 지켜보던 낙후자반 관리지도원의 말이었다.

낙후자반에 간 사람의 90%이상이 교화소 귀신이 된다고 한다. 그들에게는 가족의 편지나 면회 같은 것도 금지되어 있다. 거기에서 생활하면서 규율위반을 반복하면 가형까지 받게 된다.

수용소에는 미신을 믿는다며 무조건 10년형을 받고 온 여자들이 20여명 있다. 그들은 하나님을 믿지 않겠다는 말만 한 마디 하면 일도 쉬운 일을 시켜주겠다고 아무리 회유해도 그들은 아무 말 없이 묵묵히 일만 하고 있는 것이다.

그러기에 그들에게는 교화소 안에서 제일 힘들고 유해로운 일인 변소 푸는 일을 시킨다. 그리고 월마다 하는 사상투쟁의 때면 내다 꿇어 앉혀놓고 안 믿겠다는 말만 하라고 구둣발로 차고 때리고 한다. 그래도 그들은 굽히지 않고 버텨나가다 목숨을 잃은 사람도 있다.

나는 그때 그들의 행동이 도무지 이해되지 않았다. 나는 그것이 미신 행위라서 그저 무지몽매하게 '없는 하나님은 왜 믿으면서 저 고생을 하는가. 어처구니없는 사람들도 있구나.' 하고 생각해 왔다.

- 이순옥 저 '꼬리 없는 짐승들의 눈빛' 중에서 -

■

너희가 알거니와
너희 조상들로부터 전통으로 물려받은
너희의 헛된 행실에서
너희가 구속받은 것은
금이나 은같이 썩을 것들로 된 것이 아니요,
오직 흠도 없고 점도 없는
어린양의 피 같은 그리스도의 보배로운
피로 된 것이니라. (벧전1: 18,19)

부록1

보혈

성경 | 생명 | 복음 | 어린양 | 복 | 의 | 예수님의 피흘리심 | 십자가의 보혈 | 구원 | 승리

성경은 수많은 피 가운데 오직 우리의 모든 죄를 깨끗이 씻어 구원케 하는 그리스도의 보혈이 유일하게 흘러나오는 '구원의 샘'이다. 성경은 오직 그리스도의 보배로운 피로 구속을 받으면 생수의 강들이 흘러나오게 됨을 약속하고 있기 때문이다.

성경

종교 개혁자 마틴 루터는 "성경을 짜 보아라. 피가 나올 것이다."라고 말을 하였다. 그의 말대로 성경을 펼쳐보면 구약은 짐승의 피, 신약은 예수 그리스도의 피가 곳곳에 넘쳐나고 있다. 그래서 성경의 표지를 제외한 테두리에는 통상 피를 상징하는 붉은 색이 칠해졌었는데 언제부터인가 붉은색 대신에 금색이 둘러진 성경이 대세를 이루고 있다.

그러나 피보다는 영광을 뜻하는 금색이나 또는 다른 어떤 의미를 가진 색으로 성경이 치장될지라도 근본적으로 성경이 '피의 책'(血書)인 것은 결코 부인할 수 없는 사실이다. 왜냐하면 하나님의 말씀은 화려하고 멋진 옷이 아니라 단지 피에 담겨진 옷을 입고 있음을 성경 스스로가 증언하고 있기 때문이다(계19:13).

"또 그분께서는 피에 담근 옷을 입으셨는데 그분의 이름은 하나님의 말씀이라 불리더라."(계19:13)

아울러 성경은 피(blood)의 순환(circulation)이 계속 이뤄지고 있는 '살아 있는 유기체'라고 할 수 있다. 왜냐하면 성경 곧 하나님의 말씀은 살아 있기 때문이요, 또한 생명은 피에 있기 때문이다(히4:12; 레17:11,14).

"하나님의 말씀은 살아 있고 권능이 있으며 양날달린 어떤 검보다도 예리하여"(히4:12상)

"이는 육체의 생명이 피에 있기 때문이니라."(레17:11상)

그리고 또한 성경은 수많은 피 가운데 오직 우리의 모든 죄를 깨끗이 씻어 구원케 하는 그리스도의 보혈(寶血)이 유일하게 흘러나오는 '구원의 샘'이다. 왜냐하면 성경은 오직 그리스도의 보배로운 피로 구속(救贖)을 받으면 생수의 강들이 흘러나오게 됨을 약속하고 있기 때문이다(벧전1:18,19; 요7:38; 계21:6).

"너희가 알거니와 너희 조상들로부터 전통으로 물려받은 너희의 헛된 행실에서 너희가 구속(救贖)받은 것은 금이나 은같이 썩을 것들로 된 것이 아니요, 오직 흠도 없고 점도 없는 어린양의 피 같은 그리스도의 보배로운 피로 된 것이니라."(벧전1:18,19)

"나를 믿는 자는 성경 기록이 말한 것 같이 그의 배에서 생수의 강들이 흘러나오리라, 하시니라."(요7:38)

그렇다면 왜 하나님께서는 이토록 성경 전체를 통해 피의 강이 흐르도록 하셨으며 하나님의 말씀이 피로 연결되게 하셨는지, 그리고 피를 통해서 생명이 있도록 하셨으며 특별히 예수 그리스도의 보배로운 피를 통해 영원한 생명이 있도록 하셨는지 살펴보도록 하자.

생명

먼저 하나님께서 땅의 흙으로 사람을 지으신 후 그가 살아 있도록 하기 위

해서 생명의 숨을 불어 넣으셨던 장면을 생각해 보자(창2:7). 과연 구체적으로 무슨 일이 일어나 아담이 살아 있는 존재(living soul)가 되었던 것일까?

이미 뇌, 심장, 폐, 위장, 간, 콩팥 등등 인간의 몸은 완벽하게 만들어져 있었을 텐데 무엇이 이러한 인간의 각종 장기와 조직들이 동시에 살아서 제 기능을 발휘하도록 할 수 있었을까?

그것은 다름 아닌 피 때문이었다. 즉 우리 몸의 여러 기관들(systems) 중 유일하게 어느 한 곳에 국한되지 않고 온 몸을 다니는 혈액(blood)이 순환(circulation)을 시작하였기 때문이었다. 다시 말해 하나님의 숨이 들어가자 우리 몸의 각 장기와 조직과 세포들은 피를 통해 산소와 각종 영양소를 공급받아 활동을 시작하며 생명현상을 나타내게 된 것이다.

이처럼 피를 통해 생명을 갖게 된 아담은 에덴동산에서 영원한 삶을 살

수 있었다. 그러나 우리가 잘 아는 대로 그는 하나님께서 금하신 선악과를 따먹고 930세에 흙으로 돌아가고 말았다(창3:6; 5:5). 곧 죄로 말미암아 아담의 피는 부패하기 시작하여 영원한 생명을 잃어버리게 되었다.

아울러 그 후 아담의 모양과 형상을 따라 죄 가운데 태어나게 된 아담의 모든 후손들도 역시 아담으로부터 물려받은 부패된 피(SIN+)로 인하여 영원한 생명을 소유할 수 없게 되었다(창5:3; 롬3:23). 즉 육체적 죽음뿐 아니라 영적 죽음에 이를 수밖에 없는 처참한 인류의 운명이 에덴동산에서 첫 사람 아담을 통해 시작된 것이다(롬5:12). 다시 말해서 부패된 피(SIN+)를 무죄한 피(SIN-)로 바꾸지 못한 사람(soul)은 육체적 사망에 이어 둘째 사망 곧 지옥·불못(lake of fire)에 처해질 수밖에 없는 최악의 상황이 창조세계에 발생하게 된 것이다(롬6:23상; 계21:8).

복음

그러자 사랑의 하나님께서는 곧바로 아담과 이브가 영적 사망에서 회복될 수 있는 메시지를 선포하셨다.

> "주 하나님께서 뱀에게 이르시되, ~ 내가 너와 여자 사이에 또 네 씨와 여자의 씨 사이에 적대감을 두리니 여자의 씨는 네 머리를 상하게 할 것이요, **너는 그의 발꿈치를 상하게 할 것이니라, 하시고**"(창3:14, 15)

곧 사탄은 여자의 씨로 오실 예수님의 발꿈치를 잠깐 상하게 할 뿐이지만 예수님은 사탄의 머리를 상하게 하여 사탄에게 완전한 승리를 거두게 될 것이라는 복음(protoevangelium)이 선포가 되었다. 다시 말해서 예수님이 십자가에서 '무죄한 피'(SIN-)를 흘려 죽으시고 3일 만에 부활하셔서 사망과 지옥의 권세를 완전히 파멸시키시리라는 복된 소식(gospel)이 온 인류에게 주어진 것이다(마27:4; 고전15:1~4).

그리고 나서 하나님께서는 곧바로 아담과 이브에게 가죽 옷을 만들어 입히시면서 피흘림을 통한 죄사함의 원칙을 인류에게 제시해주셨다(창3:21; 히9:22).

이러한 하나님의 구원의 계획은 아담의 후손들에게도 전해져 아벨은 양떼의 첫 새끼들로 제물을 삼아 하나님께서 기뻐 받으시는 피의 제사를 드렸다(창4:3~5; 히11:4). 그리고 지구 전체를 뒤엎었던 대홍수 직후 방주에서

번제헌물제단의 모습

나온 노아도 정결한 짐승으로 번제헌물을 하나님께 드림으로 피흘림을 통한 하나님의 구원의 섭리를 계속 확인하였다(창8:20,21; 레1:1~17).

이후 아브라함이 아들 이삭을 번제헌물로 바치라는 하나님의 말씀에 순종하였을 때, 하나님께서는 이삭 대신 숫양을 친히 예비하셔서 어린양의 피를 통한 대속(代贖) 곧 예수님의 십자가 사건의 그림자를 보여주셨다(창22:1~14).

그리고 이스라엘 백성들이 이집트에서 탈출하기 직전 하나님께서는 어린양의 피가 문의 인방(引枋)과 양옆 기둥에 뿌려진 집에는 파멸시키는 자가 들어가지 못하도록 하셨다(출12:1~28). 따라서 하나님께서는 이러한 유월

절 사건을 통해 장차 예수 그리스도께서 어린양으로 이 세상에 오셔서 우리를 구속(救贖)하여 주실 것을 다시 한번 확실히 알려주셨다.

어린양

그래서 이스라엘 백성들은 가나안 땅에 들어가서도 계속해서 유월절을 지키며 어린양의 피를 기렸고 또 연중 끊임없이 지속된 제사들을 통해 피흘림을 통한 하나님의 구원 계획을 매일 확인하였다(출12:24~27; 레1:1~18; 17:11하; 히9:22).

"내가 이 피를 너희에게 주어 제단 위에 뿌려 너희 혼을 위해 속죄하게 하였나니 피가 혼을 위해 속죄하느니라."(레17:11하)

"율법에 따라 거의 모든 것이 피로써 깨끗하게 되나니 피 흘림이 없은즉 사면이 없느니라."(히9:22)

그리고 하나님의 충만한 때가 이르자 예수님께서는 인류를 죄로부터 구원하기 위해 친히 인간의 몸을 입으시고 성령님에 의해 수태되어 처녀 마리아에게 태어나셨다(마1:21; 갈4:4). 그런데 예수님께서는 비록 마리아의 몸을 빌리셨지만 마리아의 부패된 피(SIN+)를 한 방울도 받지 않으셨다. 왜냐하면 하나님께서는 산모의 자궁에서 자라고 있는 태아에게 태반을 통하여 필요한 영양분만이 공급되게 하셨고 피는 단 한 방울도 넘어가지 않게 만드셨으며 오로지 태아의 피는 태아 자체의 조혈기관(fetal hematopoietic

organs)에서 생성되도록 하셨기 때문이었다.

그래서 '무죄한 피'(SIN-)를 지니시게 된 예수님은 이 세상의 모든 죄를 제거하는 '흠도 없고 점도 없는 어린양'이 되셨던 것이다(요1:29,36).

"다음 날 요한이 예수님께서 자기에게 오시는 것을 보고 이르되, 세상 죄를 제거하시는 하나님의 어린양을 보라."(요1:29)

따라서 우리가 영원한 생명을 갖기 위해서는 어린양으로 오신 예수 그리스도의 보혈(寶血)을 믿음으로 받아들여 죄를 제거해야만 하는 것이다(벧전1:18,19).

"너희가 알거니와 너희 조상들로부터 전통으로 물려받은 너희의 헛된 행실에서 너희가 구속(救贖)받은 것은 금이나 은같이 썩을 것들로 된 것이 아니요, 오직 흠도 없고 점도 없는 어린양의 피 같은 그리스도의 보배로운 피로 된 것이니라."(벧전1:18,19)

복(blessing)

다시 말해서 죄로 말미암아 사탄에게 팔려갔던 우리를 하나님께서 친히 자신의 피로 값을 치르시고 다시 찾아주시는 구속(救贖, redemption)을 통해 우리는 하나님의 자녀가 되는 복(blessing)을 얻게 된 것이다(행20:28; 엡1:3~7).

이 세상에는 수만 가지의 복이 있겠지만, 누가 무어라 해도 진정한 복은 우리가 구원 받아 하나님의 자녀가 되어 영원한 둘째 사망에서 벗어나 하나님의 영광이 가득한 천국에 가는 것이다.

그런데 왜 야벳(Japheth)의 후손들은 영어로 복(福)을 블레씽(blessing)이라고 하게 되었는지, 또는 bless(복주다)가 역사적으로 어떻게 정의되어 왔는지 알아보면 앞서 언급된 하나님의 구원의 계획을 보다 더 잘 이해할 수 있을 것이다.

웹스터 영어 백과사전(Webster's Encyclopedic Unabridged Dictionary of the English Language, 1996)과 노아 웹스터(Noah Webster) 초판 영어 사전(American Dictionary of the English Language, 1828)을 보면 'bless'는 고대 영어(Old English)에서 'bletsian'이나 'bledsian'으로 사용되었는데 이는 피(blood)로써 신성하게 한다(consecrate)는 의미가 있다. 또 이보다 앞서 고대 프레즈랜드(Friesland)어(Old Frisian)나 고대 색슨어(Old Saxon)에서는 'blõdisõnian'으로 쓰였는데 여기에서 'blõd'는 명백히 blood(피)라는 의미이다. 즉 피(blood)가 복(bless)이 된 것이다.

그렇다. 피흘림(bleeding)은 죄인인 우리가 죄를 용서 받고 하나님께 나아가는 복(blessing)을 얻을 수 있는 유일한 방법이다(히9:22).

"피 흘림이 없은즉 사면(赦免)이 없느니라."(히9:22하)

그래서 예수님께서는 이 세상에 어린양으로 오셔서 십자가에서 '무죄한 피'(SIN-)를 우리를 위해 흘려주시게 된 것이다(마26:26~28; 27:4; 요1:29)!

의(義)

그 결과 우리는 또한 하나님께 감히 '의롭다'고 인정을 받을 수 있게 되었다(롬3:10; 5:6~11).

"그러면 이제 우리가 그분의 피로 말미암아 의롭게 되었은즉 더욱더 그분을 통해 진노로부터 구원을 받으리니"(롬5:9)

그런데 여기서 하나님의 복주심(창9:27)을 좇아 중국 땅에 들어온 야벳의 후손들에게 한자라는 상형문자를 만들어준 창힐(蒼頡)이 왜 의(義)라는 한 자어를 이처럼 기록하였는지 잠깐 살펴보도록 하자.

의(義) = 양 양(羊) + 손 수(手) + 창 과(戈)

의(義)란 바로 어린 양(羊)을 자신의 손(手)으로 잡고 창(戈)으로 찔렀을 때 나오는 것(寶血)을 의미한다. 즉 어린양이 되신 예수 그리스도의 '무죄한 피'(SIN-)로써만 우리가 의로워질 수 있다는 사실을 말해준다(요1:29,36; 벧전1:19; 요일1:7; 계7:14; 12:11).

또한 의(義)는 다음과 같이 정의될 수도 있다.

의(義) = 양 양(羊) + 나 아(我)

이 등식은 양(羊) 아래에 내(我)가 있는 상태가 의(義)라는 것이다. 즉 어린 양이신 예수님이 나의 주인(Lord)이 되셔야 의로워진다는 것이다.

또한 야벳의 후손들은 '의롭다'를 영어로 'righteous'로 표현하고 있는

데 이것은 관계성을 설명해 주는 개념이다. 즉 "righteous relationship with God"을 의미한다. 한자어 의(義)의 풀이와 똑 같이 어린양(羊)이신 예수님을 내(我)가 구주로 모실 때에 '하나님과 올바른 관계'가 형성된다는 뜻이다(롬3:25; 골1:19,20)

> "그분을 하나님께서 그분의 피를 믿는 믿음을 통한 화해 헌물(propitiation)로 제시하셨으니"(롬3:25상)

> "아버지께서 그분 안에 모든 충만이 거하는 것을 기뻐하시고 그분의 십자가의 피를 통해 화평을 이루사 그분으로 말미암아 모든 것들이 즉 내가 말하노니 그분으로 말미암아 땅에 있는 것들이나 하늘에 있는 것들이 자신과 화해하게 하셨느니라."(골1:19,20)

예수님의 피흘리심

그렇다. 우리는 오직 십자가의 피를 통해서만 하나님과 관계가 회복이 되어 하나님과 화평을 이룰 수 있는 것이다. 그렇다면 예수 그리스도께서 공생애 기간 동안 언제 어떻게 피를 흘리셨는지 구체적으로 살펴보도록 하자.

첫째는 예수님께서 태어난 지 8일 만에 할례를 받으심으로 피를 흘리셨다(눅2:21). 하나님께서 아브라함과 맺은 언약의 증표로 예수님께서 받으신 이 할례는 영적으로 새 창조(new creation)를 의미하는 8일에 시행되었는데 이 날은 혈액응고인자인 프로트롬빈(prothrombin) 농도가 출생 후 가장 높은 시기이기도 하다.

둘째는 예수님께서 최후의 만찬 후 유대인들에게 잡히시기 전 겟세마네 동산에서 기도하시며 피를 흘리셨다(눅22:39~46; 마26:36~46).

"그분께서 고뇌(agony)에 차서 더욱 간절히 기도하시니 그분의 땀이 큰 핏방울같이 되어 땅에 떨어지더라."(눅22:44)

이것은 의학적으로 극심한 스트레스나 신체기관의 쇼크가 있을 때 혈액성의 땀이 분비되는 혈한증(血汗症, hemohidrosis, hematidrosis)인데 우리는 이를 통해 예수님께서 인류의 모든 죄를 담당하시려는 그 영적 고통이 얼마나 컸던 것이지 잘 알 수 있다(요일4:10, 고후5:21, 롬5:9,10).

"하나님께서 죄를 알지 못한 그분을 우리를 위하여 죄가 되게 하신 것은 우리가 그분 안에서 하나님의 의가 되게 하려 하심이라."(고후5:21)

사실 겟세마네에서 혈한증을 보일 정도로 간절하였던 예수님의 기도는 십자가에서 승리의 원동력이 되었을 것이다.

십자가의 보혈

셋째로 예수님은 채찍질을 당하심으로 피를 흘리셨다(마27:26; 막15:15; 요19:1; 사53:3). 몇 번이나 채찍을 맞으셨는지 성경에는 언급되어 있지 않지만 당시의 관행으로 보아 예수님께서는 끝에 짐승의 뼈조각이나 납 같은 금속이 달린 채찍 때문에 근육과 뼈가 핏덩어리가 되어 다 드러날 정도로 맞으셨을 것이다.

넷째로 예수님께서는 가시나무 관을 머리에 쓰시고 피를 흘리셨다(마 27:28~31; 막15:15~20; 요19:2~16). 예수님께서 머리에 쓰셨던 가시나무 관은 머리 전체를 덮었으며 각 가시의 길이는 2.5~5cm 정도였을 것으로 추정된다. 의학적으로 잘 알려졌듯이 머리는 혈관이 잘 분포된 부위인데 로마 군인들이 계속해서 예수님의 머리를 때렸기 때문에 이로 인해 엄청난 출혈이 발생했을 것이다.

그리고 예수님에게 가시나무 관을 씌운 후 로마 군인들은 또 예수님에게 자주색 긴 옷을 입혔는데 이로써 예수님께서 온 세상의 죄를 지니신 모습이 확연히 드러나게 되었다. 왜냐하면 자주색(scarlet)은 죄(sin)를 상징하고, 가시(thorn)는 아담의 타락 후 저주(curse)의 결과로 생긴 것이기 때문이다(사1:18; 창3:17,18).

다섯째로 예수님께서는 손과 발에 못이 박히며 피를 흘리셨다(마27:35; 막15:24,25; 눅23:33; 요19:16,17; 시22:16,17). 그 당시의 십자가형에는 길이가 17~18cm, 지름이 1cm 정도의 못이 사용된 것으로 추정이 된다. 그런데 이렇게 큰 못들이 요골과 척골 사이나 족관절 사이에 박히므로 뼈가 하나도 꺾이지 아니하리라는 성경기록이 성취되면서 상당한 출혈이 생기게 되었을 것이다(요19:36; 출12:46; 민9:12; 시34:20).

여섯째로 예수님께서 숨을 거두신 후 로마 군인 하나가 창으로 예수님의 옆구리를 찔렀을 때 예수님께서 피를 물과 함께 흘리셨다(요19:28~36). 아마도 폐 속에 차 있던 물(pleural fluid)과 심장의 우심실에 있던 피(blood)가 엄청나게 쏟아져 나왔을 것이다.

이처럼 한 방울도 남김없이 다 흘려진 예수님의 피로 인해 예수님이 달리신 십자가는 완전히 피로 물든 십자가로 변해 버렸고, 대신 우리는 죄사함과 구원의 복을 얻을 수 있게 되었다.(벧전1:18,19)

"너희가 알거니와 너희 조상들로부터 전통으로 물려받은 너희의 헛된 행실에서 너희가 구속(救贖)받은 것은 금이나 은같이 썩을 것들로 된 것이 아니요, 오직 흠도 없고 점도 없는 어린양의 피 같은 그리스도의 보배로운 피로 된 것이니라."(벧전1:18,19)

구원

사랑하는 독자 여러분, 이제 예수님의 피를 마음에 받아들여 죄사함과 구원을 얻고 싶지 않으십니까? 그리하여 사탄의 권세로부터 승리하는 삶을 살고 싶지 않으십니까?

   그렇다면 다음과 같은 기도를 진심으로 하나님께 드리시기 바랍니다.

"온 우주만물을 창조하신 하나님 아버지, 저는 제가 거룩하신 하나님 앞에서 죄인이며, 영원한 지옥의 형벌을 받아야 마땅한 존재임을 알게 되었습니다. 그리고 저를 사랑하시는 하나님께서 예수 그리스도를 이 세상에 보내셔서 죄인인 저를 대신해서 모든 형벌을 받으시고 보배로운 피를 흘려주신 사실도 알게 되었습니다.

   부디 저를 불쌍히 여기시며 저의 모든 죄를 용서해 주시기 바랍니다. 또한 저를 도와 주셔서 이 죄들을 미워하여 완전히 떨쳐버리고 새로운 삶을 살 수 있게 도와주시기 바랍니다. 저는 구원받기를 원하나 저의 노력이나 방법으로는 구원받을 수 없음을 인정합니다. 저의 죄를 제거하기 위해 예수 그리스도를 보내 주시고 예수님께서 저를 위해 십자가에서 무죄한 피를 흘려 돌아가신 뒤 사흘 만에 부활하셨으니 하나님의 은혜에 진심으로 감사를 드립니다.

   이제 저는 이 예수님을 신뢰하며 그분께서 부활하신 것을 믿으며 저의 구원자와 주님으로 모셔들입니다. 이제부터 영원토록 주님을 사랑하고 주님의 명령에 순종하며 다른 이들을 예수님께로 인도하고 오직 보혈의 능력으로 살아가도록 도와주시기 바랍니다.

   다시 한번 저를 영원한 지옥의 형벌로부터 구원해 주시고 천국과 영원한 생명을 주신 은혜에 감사를 드리며 이 모든 것을 주 예수님의 이름으로 기도합니다. 아멘."

승리

진심으로 이렇게 기도하셨다면 거짓말하실 수 없는 하나님의 다음과 같은 약속을 신뢰하고 주위의 좋은 크리스천들에게 당신이 구원받은 사실을 알리십시오. 그리고 성경대로 믿고 가르치는 교회를 찾아가십시오. 당신 안에 들어오신 성령님께 당신의 새로운 삶을 인도해 주시도록 기도하십시오. 그분께서 길을 보여주실 것입니다. 이 시간 이후 당신의 삶은 어제까지의 삶과는 전혀 다른 새로운 삶이 될 것입니다.

"너희가 다 그리스도 예수님을 믿는 믿음으로 말미암아 하나님의 자녀들이 되었나니"(갈3:26)

"내가 그들에게 영원한 생명을 주노니 그들이 결코 멸망하지 않을 것이요 또 아무도 내 손에서 그들을 빼앗지 못하리라."(요10:28)

아울러 예수 그리스도의 보혈로 우리가 죄와 마귀의 세력을 물리칠 수 있는 능력을 갖게 된 것을 늘 기억하십시오. 매일매일 승리의 삶을 사실 수 있을 것입니다.

"그들이 어린양의 피와 자기들의 증언의 말로 그를 이기었으니 그들은 죽기까지 자기 생명을 사랑하지 아니하였도다."(계12:11)

"또 그분의 아들 예수 그리스도의 피가 모든 죄에서 우리를 깨끗하게 하느니라."(요일1:7하)

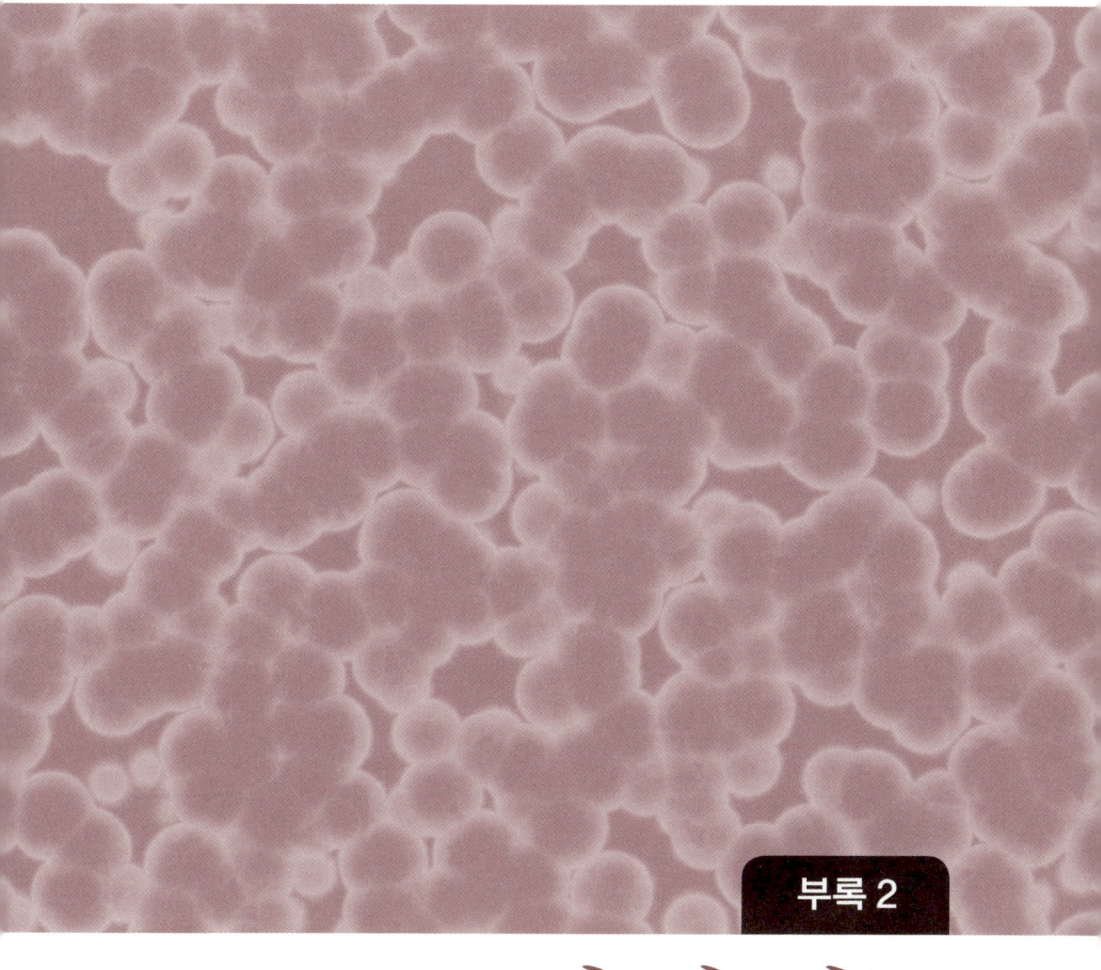

부록 2

장내 세균

장내 세균은 정신건강에도 밀접한 관련이 있음이 최근 들어 밝혀지고 있다. 즉 장내 좋은 박테리아가 없으면 행복물질인 세로토닌이 제대로 합성되지 않는다. 그래서 유해균의 비율이 높은 사람에게서 불면증, 자폐증, 우울증, 정신분열증 등 각종 정신 질환이 더 많이 발생한다는 보고들이 있다.

최근 식품의약품안전처의 발표에 따르면 건강기능식품의 절대 강자였던 홍삼제품의 점유율은 지속적으로 감소한 반면 프로바이오틱스 유산균 제품의 시장은 가파른 상승세를 타고 있다. 프로바이오틱스에 대한 매스컴의 보도가 날로 증가되는 가운데 필자에게도 프로바이오틱스에 대한 문의를 하는 경우가 점차 늘어나는 것을 경험하면서 이제 프로바이오틱스의 호황기가 도래했음을 실감케 된다.

프로바이오틱스란 한마디로 '장에서 인체를 이롭게 해주는 박테리아'를 일컫는 말이다. 즉 우리 장내에는 많은 사람들의 생각과는 달리 인간에게 병을 일으키는 '나쁜 박테리아'만 존재하고 있는 것이 아니라 프로바이오틱스와 같이 몸에 유익한 '좋은 박테리아'도 존재하고 있다.

즉 장내 세균은 우리 몸에 좋은 작용을 하는 유익균(비피도박테리움, 락토바실러스, 락토코커스, 엔테로코커스 등), 나쁜 작용을 하는 유해균(베이요넬라, 대장균, 클로스트리듐 등), 기능이 뚜렷하지 않은 중립균(박테로이즈, 유박테리움 등)으로 나뉜다. 사람마다 각 균이 차지하는 비율은 다르지만, 유익균과 중립균이 대부분을 차지하며 유해균도 일정 비율 존재한다.

모든 사람들의 몸 안에는 정상적으로 미생물이 항상 같이 살고 있다. 이들은 대부분 박테리아(細菌)이고 그 외에도 바이러스, 곰팡이, 원생생물 등이 살고 있다. 무게 단위로 생각하면 대장에 가장 많은 세균이 살고 있고 소장은 물론 여성의 질내에도 세균들이 득실거린다. 수분을 빼면 분변의 약 절반은 세균으로 돼 있다. 이들은 우리 장 속에 있던 내용물이다.

이 세균들은 우리 몸을 떠나면 살기 어렵다. 대부분 산소가 있으면 죽기 때문이다. 식사할 때 음식물과 함께 일부 산소가 장내로 들어오지만 소장에 사는 세균 중 일부가 산소를 소모한다. 그 결과 소장의 아래쪽부터는 산소가 없는 환경을 좋아하는 세균들이 자리를 잡고 있다.

사람의 장 점막에는 (보고하는 학자마다 차이가 있긴 하지만) 대략 100조 마리가 넘는 세균이 살고 있다고 추정이 된다. 종류만 수백 내지 수천 가지이며, 세균의 무게를 모두 합하면 1~1.5kg 정도 된다고 한다. 종류에 따라 원기둥·공·스프링 모양을 띠고 있고, 크기는 0.5~5㎛(100만분의 1m)이다.

대장 속에 사는 박테리아는 '제3의 장기'라고 불릴 정도로 중요한 일들을 한다!

사람이 음식을 섭취하면 위와 소장에서 소화 효소를 이용해 음식물을 분해한 후 당, 아미노산, 비타민, 무기질 등을 섭취한다. 이때 소화 효소에 의해 분해되지 않는 영양소와 미처 흡수되지 못한 영양소들은 소장과 대장에 존재하는 세균들이 이용한다.

세균은 이들 영양소를 섭취해 증식하고 세균이 내놓는 배설물은 다시 장 속으로 배출된다. 이때 배설물 중 많은 부분이 소장과 대장 벽을 통해 흡수돼 혈액으로 들어간다. 이 중에는 초산 같은 유기산, 각종 비타민, 아미노산, 암모니아, 이산화탄소, 메탄, 수소 등 여러 가지 물질들이 있다.

세균 유래 유기산은 우리 몸의 여러 조직에서 에너지원으로 사용된다. 하루에 약 2백-3백kcal 정도는 이들로부터 생긴다. 따라서 식량이 부족할 때 우리는 장내에 서식하는 세균 덕택에 하루 에너지의 약 10~15%를 더 공급받아 생존에 도움을 받는다. 우리가 비타민 결핍증에 걸리지 않는 것도 세균들이 생산해 공급해주기 때문이다.

개를 포함한 일부 동물들은 자기의 변을 다시 먹음으로써 비타민을 보충한다. 토끼도 똥 속에는 식물의 섬유질을 분해하는 유용한 세균이 잔뜩 들어 있기 때문에 어미 토끼는 이것을 새끼에게 먹임으로써 소화기능을 전달한다.

미국 아이다호 대학의 연구결과를 보면, 모유 속에서 무려 600종의 세균과 함께 아기는 전혀 소화시키지 못하는 올리고당이 들어 있음이 확인되었는데 이 당분은 바로 세균을 먹이기 위한 것으로 밝혀졌다. 즉 모유는 아기만 키우는 것이 아니라 세균도 먹여 살리는 것이다.

그리고 우리 몸에는 장내 세균을 위한 비밀 장소도 마련돼 있다. 우리가 흔히 맹장이라고 부르는 '충수'인데 대장 끝에 달린 조그만 꼬리 같은 기관인 충수는 오랫동안 필요 없는 기관이라고 생각돼 왔다. 그런데 미국 듀크대학교 연구팀의 실험결과, 이곳이 좋은 박테리아가 숨는 공간이라는 게 밝혀졌다. 설사 등으로 인해 장 속의 박테리아가 모두 비워질 때, 일부 좋은 박테리아들이 충수에 숨어 있다가 병이 낫고 나면 나쁜 박테리아들보다 먼저 장 속으로 나오게 되는 것이다.

이 좋은 박테리아는 또한 면역작용에도 중요한 역할을 담당하고 있다. 장내 세균이 탄수화물을 발효시켜 '짧은 사슬 지방산'을 만드는데 이 물질은 대장세포를 튼튼하게 하여 암 같은 병이 잘 걸리지 않게 한다. 혹자는 장내 세균을 '내재면역 기능을 돕는 존재'라 하기도 하는데 내재면역이란 몸속에 침입한 물질에 즉각적으로 반응하는 선천적인 면역 반응을 말한다. 즉 장내 세균이 장 점막으로 들어오는 외부 물질에 대응하기 위해 면역계를 항상 자극하고 있는 덕분에 내재면역력이 길러진다고 보는 것이다.

약효나 독성이 나타나는 것도 우리 몸 안의 미생물과 관련이 있다. 식물 약효 성분의 상당수는 식물체 내에서 배당체로 저장돼 있다. 배당체란 약효 성분이 물에 잘 녹는 포도당 같은 당 분자와 결합된 형태로, 원래 불용

성인 약효 성분이 세포액에서 녹을 수 있게 돼 저장이 쉬워진다.

그런데 약효 성분을 복용해도 배당체 상태로는 아무 효과가 없다. 배당체는 덩치가 커 세포막을 제대로 통과하기 어렵기 때문이다. 이때 등장하는 해결사가 비피더스 같은 장내 세균들이다. 이들은 약효 성분에서 당 분자를 떼어내는 효소를 갖고 있기 때문이다. 강심제로 쓰이는 디지털리스나 인삼의 효과도 장 안에 미생물이 없으면 나타나지 않는다.

그런가 하면 배당체일 때는 독성이 없다가 장내 세균이 당을 떼어내면서 독성을 보이는 경우도 있다. 소철나무 열매에는 시카신이라는 배당체가 있는데, 장내에서 당이 떨어져 나가면서 MAM이라는, 암과 신경 질환을 유발하는 물질로 바뀐다.

장내 유해균이 평상시보다 늘어나면 장에 암모니아·유화수소·과산화지질 등과 같은 독소와 노폐물을 쌓이게 해, 각종 성인병과 암을 유발하고 노화를 촉진할 수 있다. 특히 면역세포인 림프구는 소장에 많이 모여 있는데, 유해균 때문에 소장에 독소가 가득 쌓이면 림프구의 면역기능이 떨어진다. 대장에 유해균이 많은 사람일수록 독소가 많이 생성돼 간이 부담을 많이 받는다는 주장도 있다. 최근 푸소박테리움이라는 유해균이 많으면 궤양성 대장염을 일으킨 뒤 염증 부위에 있는 세포를 암세포로 변환시켜서 대장암에 잘 걸린다는 보고도 있다.

아울러 건강한 사람의 99%는 장 속에 페칼리박테리움 속(屬) 박테리아를 지니고 있지만 크론병이나 제1형 당뇨병 환자는 그 보유율이 크게 떨어진다는 연구결과가 나왔다. 그래서 만성염증성 잘 질환이나 당뇨병에서 장내 세균을 조절하는 것이 하나의 치료법이 될 수 있을 것으로 기대된다. 이는 재발을 반복하는 클로스트리디움 디피실 감염증(CDI) 환자 20명에게

동결시킨 변(便) 캡슐제제를 경구투여하자 치료효과가 90%에 이르렀다는 최근의 연구결과와 그 맥락을 같이 하는 것이라 볼 수 있다.

그리고 장내 세균은 비만에도 영향을 준다. 장 속 박테리아의 98%는 '펄미큐티스'라는 박테리아와 '박테로이데티스' 박테리아로 나눌 수 있는데, 비만 생쥐에게 펄미큐티스 박테리아가 많다고 한다. 정상 생쥐의 장에 펄미큐티스 박테리아를 넣었더니 비만 생쥐가 되었다. 이건 펄미큐티스 박테리아가 소화가 잘 안 되는 음식을 잘게 부숴서 소장에서 흡수되기 쉬운 당과 지방산으로 바꾸기 때문이라고 한다. 따라서 장 속에 사는 펄미큐티스 박테리아를 조절하면 살을 뺄 수 있게 될 것이다. (아데노바이러스 36(AD-36)이라는 바이러스도 사람 및 동물의 체중 증가와 연관성이 있는 것으로 알려졌다.)

더 나아가 장내 세균은 정신건강에도 밀접한 관련이 있음이 최근 들어 밝혀지고 있다. 즉 장내 좋은 박테리아가 없으면 행복물질인 세로토닌이 제대로 합성되지 않는다. 그래서 유해균의 비율이 높은 사람에게서 불면증, 자폐증, 우울증, 정신분열증 등 각종 정신 질환이 더 많이 발생한다는 보고들이 있다. 아울러 정신 질환을 치료하고 예방하는 데에도 장내 세균의 활용이 고려되고 있으며, 매우 획기적인 결과도 보고되고 있다.

이뿐이랴. 과민성대장증후군, 천식, 류머티스성 관절염, 아토피 피부염 등 각종 질환에서 체내 세균 분포와 관계가 깊다고 하는 사실이 과학적으로 밝혀지고 있다. 그래서 인간은 산호와 마찬가지로 다양한 생물체의 군집이라는 이론, 인간과 체내외 미생물을 합쳐 하나의 초유기체로 보아야 한다는 이론, 또는 내 몸의 주인이 내가 아니라 '미생물'일 수 있다는 주장까지 나와 있는 상태다.

자 그러면, 우리는 건강을 위해 누구나 프로바이오틱스를 먹어야 하는

당위성이 생긴다. 그런데 문제는 효용성과 비용이다. 그래서 필자는 신뢰할 만한 프로바이오틱스를 찾을 수 없거나 찾더라도 경제적으로 어렵다면, 비타민 C를 거대용량으로 복용해 볼 것을 추천한다.

 왜냐하면 비타민 C는 잘 알려져 있다시피 값이 저렴하면서도 우리 장내에서 좋은 박테리아를 많이 생성토록 하여 프로바이오틱스의 효과를 간접적으로 누리게 해주기 때문이다. 게다가 비타민 C 고유의 다양한 건강 증진 효과가 있으므로 우리에게 금상첨화가 될 것임에 틀림없기 때문이다.

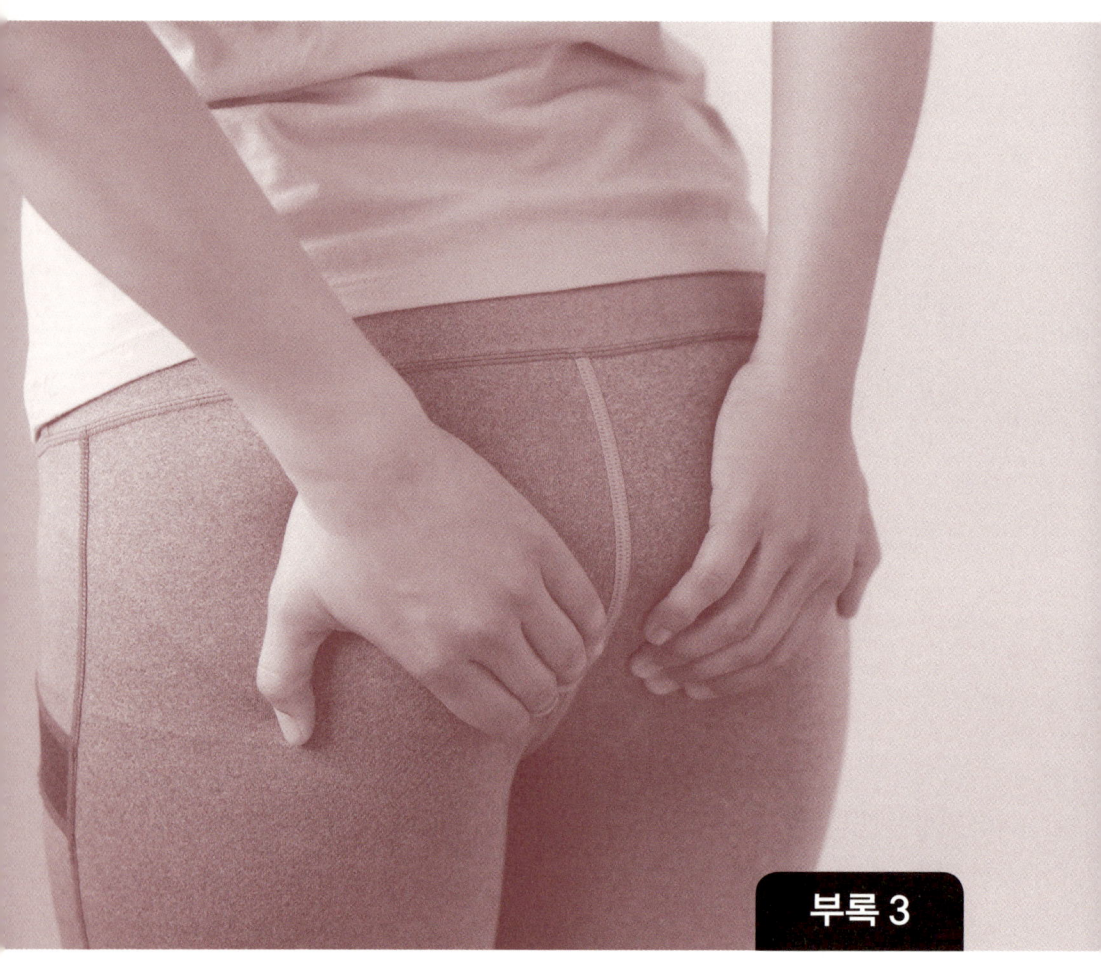

부록 3

방귀

방귀를 뀌었을 때 구린내가 잘 나지 않는 사람일수록 장 속에 부패된 균이 많지 않다고 보면 된다. 세계적인 장수촌의 특징 중 하나가 바로 이 화장실 냄새가 잘 나지 않는 것이라는 사실을 보면 그 중요성을 어느 정도 알 수 있을 것이다.

방귀는 동서고금과 각 문화권의 차이를 떠나 인류 모두에게 주된 관심사라고 할 수 있다. 예를 들어 오래전 북미 인디언 부족 중 하나인 위네바고 족의 신화에는 단 한 번의 방귀로 모든 인류를 날려버리고 똥으로 온 세상을 뒤덮었다는 마법사가 등장하기도 하며, 최근 우리나라에서 인기 있는 모 시트콤드라마에서도 방귀는 매우 좋은(?) 드라마소재로 활용이 되는 형국이다.

사전적으로 방귀는 '음식물이 배 속에서 발효되는 과정에서 생기어 항문으로 나오는 구린내 나는 무색의 기체'로 정의되고 있지만 방귀는 음식물로 인해서만 생기는 것도 아니고 또 구린내가 나야만 방귀인 것도 아니다.

즉 방귀는 '장 속에 있는 공기가 항문을 통해 빠져나오는 현상'을 통틀어 얘기하는 것으로 공기를 방출한다는 뜻인 방기(放氣)에서 비롯된 말이다.

방귀는 왜 생기는가?

장내 공기의 유입 및 배출 기전은 다음과 같이 설명할 수 있다.

음식을 먹거나 마실 때 함께 위속으로 들어온(①) 공기 중 일부는 다시 식도를 통해 배출이 된다(②). 삼켜진 공기 중 산소(O_2)는 위 점막 속으로 확산이 될 수 있다(③).

십이지장에서 산(acid)과 중탄산염(bicarbonate)이 반응하여

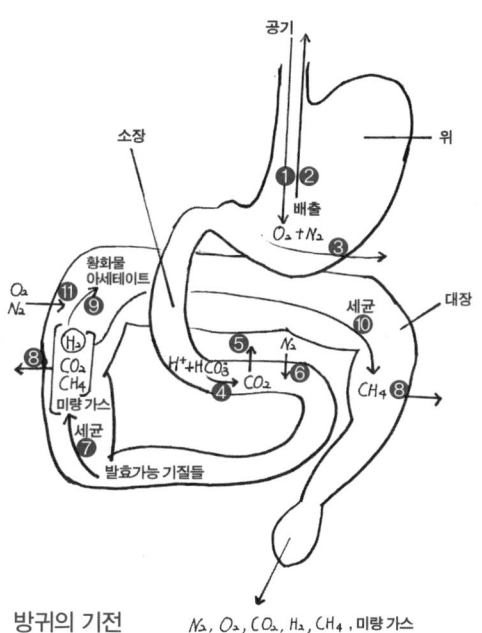

방귀의 기전

만들어진(④) 많은 이산화탄소(CO_2)는 혈액 속으로 확산이 된다(⑤). 반면에 질소(N_2)는 이산화탄소(CO_2) 생성에 의해 농도변화(gradient)가 생겨 장관내로 확산이 된다(⑥).

대장에서 세균에 의해 발효가 가능한 기질들(substrates)의 대사가 이뤄져 이산화탄소(CO_2), 수소(H_2), 메탄(CH_4) 등과 함께 소량의 다양한 가스들이 생성된다(⑦). 이렇게 세균에 의해 유래된 가스 중 일부는 흡수되어 대사가 되거나 혹은 항문을 통해 몸 밖으로 배출된다(⑧).

아울러 수소의 상당부분은 다른 세균에 의해 소모되어 황산염(sulfate)을 황화물(sulfide)로, 이산화탄소를 아세테이트(acetate)로(⑨), 또 이산화탄소(CO_2)를 메탄(CH_4)으로 환원시킨다(⑩). 따라서 세균 대사에 의해 공기량의 순수한 감소가 일어나게 된다.

질소(N_2)와 산소(O_2)는 세균에 의한 가스 생성으로 인해 농도변화(gradient)가 생겨 혈액에서 대장관내로 확산이 된다(⑪). 그리고 정상적으로 가스는 위장관 내에서 진행하여 직장을 통해 밖으로 나가게 된다. 그래서 이런 일련의 과정들의 최종적인 결과로 인해 장내 공기의 양과 조성이 결정이 되는 것이다.

방귀가 자주 나오는 이유는?

소장과 대장에는 평균 100~200㎖의 가스가 있는데 하루 평균 처분하는 양은 2~3리터 정도이다. 이미 언급된 바와 같이 그 성분은 질소(60%), 수소(20%), 산소(10%), 이산화탄소(9%)로 구성된다. 그 외 약간의 메탄가스, 인돌, 나이트로사아민, 벤조파이렌 3종, 암모니아, 황화수소 등 4백여 종류의 가스가 포함되어 있다. 이중 벤조파이렌과 나이트로사아민은 강력한 발암성 물질이다.

정상적으로 식음하는 건강한 사람은 하루 13~25회에 걸쳐 대략 275cc 정도의 방귀가 나온다. 병을 부를 수 있는 비정상적인 식음을 하는 사람은 정상인보다 1.5배에서 4배, 질병이 있는 경우는 3~10배까지 나오는 것으로 조사되기도 하였다.

방귀는 섭취한 음식에 따라 빈도가 달라질 수 있다. 즉 우유 등의 유제품과 콩류의 식품을 섭취하면 특히 많이 발생할 수 있다. 소장 내에 유제품과 콩류를 분해할 효소가 적거나 없어 소화가 덜 된 상태로 대장에 도착하면 대장 내 세균에 의해 발효돼 많은 양의 가스를 만들게 된다.

이외에도 양파, 당근, 바나나, 살구, 자두 등이 가스를 많이 만든다. (이와는 반대로 가스를 적게 생산하는 식품은 고기, 생선, 상추, 오이, 토마토, 포도, 쌀, 콘칩, 포테이토칩, 팝콘, 달걀, 물 등이다.)

아울러 비타민 C를 거대용량(megadose)으로 복용할 경우 장내 세균총의 변화가 생겨 우리 몸에 무해한 균이 대장 내에 많이 존재하게 되면서 가스가 많이 발생하여 방귀가 자주 나올 수 있다.

방귀에서 냄새가 나는 까닭은?

똥 냄새를 흔히들 구린내라고 하는데 이를 일으키는 화학적 성분은 스카톨이 대표적이며, 이외에 암모니아, 인돌계 화합물, 황화수소나 티올 같은 황화합물 등이 구린내를 유발한다. 음식 섭취를 해서 얻게 되는 영양소 중 탄수화물보다는 단백질, 지방이 더 고약한 냄새가 나는 방귀를 만든다. 장에 서식하는 세균은 지방이나 단백질의 분해 산물로 생긴 찌꺼기를 먹어치우면서 지방산이나 유황이 섞인 가스를 배출하는데, 가스의 양은 별로 되

지 않는 대신 냄새는 지독하다.

즉 채식보다 육식을 많이 할수록 방귀 냄새가 지독하게 되는 것이며 특히 황화수소와 같이 냄새가 심한 방귀를 유발하는 대표적 음식으로 계란을 들 수 있다.

그리고 마늘이나 양파를 먹었을 때 소화가 된 후에도 그 독특한 냄새가 남아 있게 되는 것은 황화알릴과 황화비닐 때문이다. 또 콩이나 배추, 겨자 같은 음식을 먹었을 경우 생기는 독특한 냄새는 장에 살고 있는 혐기성 박테리아에 의해 형성이 된다.

누구나 싫어하는 이런 구린내 또는 화장실 냄새는 사실 인간의 건강 상태를 어느 정도 반영해 주고 있다. 즉 방귀를 뀌었을 때 구린내가 잘 나지 않는 사람일수록 장 속에 부패된 균이 많지 않다고 보면 된다. 세계적인 장수촌의 특징 중 하나가 바로 이 화장실 냄새가 잘 나지 않는 것이라는 사을 보면 그 중요성을 어느 정도 알 수 있을 것이다.

그래서 이 구린내를 없애는 것이 건강을 위해 중요한데 가장 효과적인 방법은 비타민 C를 거대용량(megadose)으로 복용을 하는 것이다. 왜냐하면 그럴 경우 대장 속에 존재하는 정상 미생물군집에 변화가 생겨 구린내가 사라지게 되기 때문이다.

(참고적으로 비타민 C 복용과 관련된 장내 부패균의 분포를 조사한 결과를 보면, 하루 비타민 C 10그램 이상 복용 군에서 부패균은 1%, 6그램 복용 군에서 5%, 3그램 복용 군에서 20%, 채소나 과일로만 비타민 C 섭취하는 군에서 60-70%로 확인되었다.)

방귀에 불이 붙을 수 있는가?

방귀에 대해 가장 광범위하고 깊이 있게 연구하는 곳은 소련과 미국의 우주항공 관계자들이다. 이유는 우주비행 중 나온 방귀는 우주선내에서 폭발을 일으킬 수 있기 때문이다.

방귀 중 냄새 나는 가스는 불이 붙기가 무척 힘이 드나 반면에 냄새가 나지 않는 메탄가스는 불이 붙기가 상대적으로 쉽다. 방귀가 나올 때 공기 중 메탄의 농도가 5% 이상이 되면 불이 붙을 수 있다.

(참고적으로 불이 붙을 수 있는 농도의 하한을 LFL(Low Flammable Limit), 농도의 상한을 UFL(Upper Flammable Limit)라고 하는데 방귀 중 가연성 물질의 대부분을 차지하는 메탄은 LFL이 5%, UFL이 15%이다.)

그러나 실제적으로 방귀가 나오는 순간 방귀 냄새가 퍼지는 것 같이 항문에서 조금만 떨어져도 메탄의 농도는 5% 이하로 되기 때문에 항문에 바싹

붙여서 점화를 시도하지 않은 한 방귀에 불을 붙이기는 쉽지 않다. 물론 자칫 하다간 항문에 화상을 입을 수 있음은 불문가지이다.

  이 사실을 볼 때 폭격수 딱정벌레(bombardier beetle)가 방귀로 불을 뿜어 적을 퇴치하는 것은 정말 경이로운 창조주의 솜씨가 아닐 수 없다. 즉 폭격수 딱정벌레의 통합적 연소기관의 모든 부분들이 출발 시점부터 완전하게 작동되지 않는다면, 그 구성 물질과 기관들은 딱정벌레에게 쓸모없거나 위험한 것이 될 것이기 때문이다.

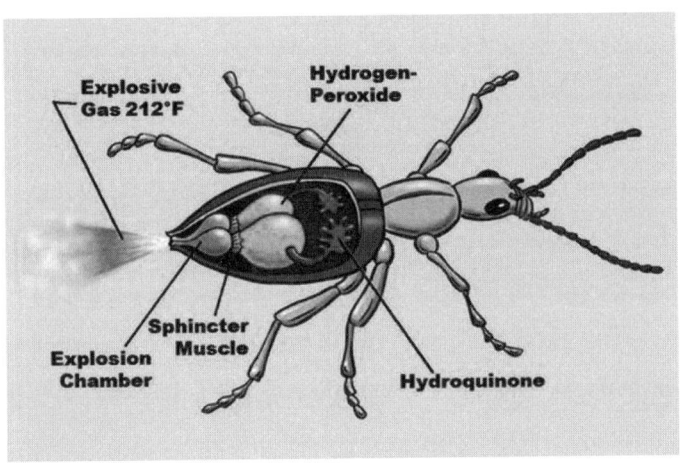

폭격수 딱정벌레

문서선교사로의 초대 >>>

www.healthlife.co.kr

1989년 창간된 국내 유일의 건강선교지
월간 건강과 생명
THE MONTHLY MAGAZINE

〈건강과 생명〉은 아직 주님을 만나지 못한 영혼들과
뜻하지 않은 사고나 질병으로 인해 고통당하는
영혼들을 위해 만들어지는 건강선교잡지입니다.
병원 선교를 하시는 분들과 환우들에게, 또한 그리스도인들에게
〈건강과 생명〉은 심방용으로, 선물용으로,
전도용으로 더없이 좋은 동반자요, 위로자가 될 것입니다.

<건강과 생명>은 이런 잡지입니다

1989년 창간된 국내 유일의 건강선교잡지입니다
〈건강과 생명〉은 땅 끝까지 복음을 전하라는 주님의 명령에 따라
그리스도인 의사들을 중심으로 1989년 창간된 국내 유일의 건강 선교잡지입니다.

최고의 집필진이 직접 집필하는 최고 권위의 건강 정보지입니다
〈건강과 생명〉은 의료분야 최고의 집필진을 자랑합니다. 총 22명의 전문 편집위원들
(건강과 생명을 만드는 사람들 참조)을 중심으로 각계 전문가들이 직접 집필하는
의료 컨텐츠 분야는 〈건강과 생명〉만의 자랑이며 차별화된 서비스라 할 수 있습니다.

전인치료를 목적으로 영육간의 건강한 삶을 추구하는 잡지입니다
〈건강과 생명〉은 전인치료를 목적으로 육신의 병뿐만 아니라 마음의 병, 무엇보다
영혼의 병을 치유하는 지혜를 담고 있습니다. 〈건강과 생명〉을 정독하면 여러분 곁의 든든한
평생주치의를 얻는 동시에, 영육간에 건강한 삶을 누리실 수 있습니다.

문서선교사로 여러분을 초대합니다

건강과 생명 보내기 운동 후원신청서

천사가 되어주세요! 매달 1만 원의 후원금으로 4사람에게
건강과 생명을 보내는 천사구원 운동에 여러분을 초대합니다!

월간 《건강과 생명》은 질병으로 고통당하는 환우들과 건강에 관심이 많은 현대인들에게 효과적으로 복음을 전할 수 있는 최상의 복음 전도지입니다!

18년간 《건강과 생명 보내기 운동》을 통해 효과적인 전도의 열매를 맺어온 월간 《건강과 생명》이 새롭게 《건강과 생명 보내기 1491:천사구원 구좌운동》을 펼칩니다. 이 캠페인은 매달 1인 1구좌 1만원의 후원금 약정을 통해 기증 4권(혹은 본인 1권, 기증 3권)을 월간 《건강과 생명》을 필요로 하는 곳(병원, 교도소, 원목실, 호스피스 단체, 장애인 단체, 개척교회, 낙도 오지 등)에 보내는 운동입니다.
한(1)사람이 네(4)권을 기증해 사람을 구원(91)하는 전도사역입니다.
한달 만원의 후원금으로 천하보다 귀한 영혼을 구원하고 낙심과 실의에 빠진 영혼을 일으켜 세우는 귀한 문서사역에 여러분의 많은 참여를 부탁드립니다.

신 청 서

후원금액:	월 ____구좌____만원 (1구좌: 1만원, 2구좌: 2만원, 5구좌: 5만원, 10구좌: 10만원)		
은 행 명:	우리, 국민, 조흥, 신한, 하나, 한미, 제일, 농협, 기업, 우체국, 기타 ( )	출금 희망일: (셋 중 하나 선택) ☐ 5일 ☐ 15일 ☐ 25일	
계좌번호:		주민등록번호:	
예 금 주:	예금주와의 관계:	이체 개시일 : 200 년 월 일	

신청인 (월간지 발송과 추후 확인을 위해 필요한 사항이니 자세히 기입해 주세요)

이 름		성별	남 / 여	이메일	
주 소					
전 화			핸드폰		
기증부수 발송형태	☐ 본인 1부 + 나머지 부수 기증		☐ 전체 부수 기증		

위와 같이 후원을 신청합니다.

후원자 이름: _____   서명: _____

지금 즉시 신청하세요!
☎ **02-3673-3421**

월간 건강과 생명 보내기 운동본부
서울시 종로구 연건동 67번지 1층 월간 건강과 생명 전화: 02)3673-3421 Fax:02)3673-3423 www.healthlife.co.kr

www.healthlife.co.kr

질병에 대해 궁금하세요! 상담이 필요하십니까?
월간 건강과 생명 홈페이지에 여러분을 초대합니다

임신분만수유상담실 | 소아청소년건강상담실 | 성인건강상담실 |
정신건강상담실 | 부부클리닉상담실 | 신앙상담실

홈페이지를 방문하시면 월간 「건강과 생명」의 지난 10년치
과월호는 물론 다양한 의료컨텐츠를 만나실 수 있습니다.
무엇보다 2007년부터 새롭게 개설된 전문가 상담코너를 통해
양질의(각 과별 전문의 선생님들과 박사님들이 운영하는)
다양한 상담서비스를 무료로 받으실 수 있습니다!

http://healthlife.co.kr 혹은 네이버에서 건강과 생명을 치고 들어오세요

성경의 눈으로 세상을 보라
차 한 박사의
화제의 책

며느리가 남자라구요?!

트랜스젠더, 뭐가 문제죠?… 남편이 로또를 너무 좋아해요… 뇌호흡하면 성적이 쑥쑥 오른다는데… 오죽했으면 집단자살을 했을까?… 요가가 어때서?… 매트릭스·해리포터, 그냥 재미로 보는 거 아닌가요?… 스님 몸속의 사리(舍利), 정말 신기하네!!!

낯설지만은 않은 얘기들, 어떻게 대답해야 할까?
성경이 제시하는 명쾌한 해답이 이 책 안에 모두 들어 있습니다.

21세기 디지털 시대의 기독교 변증서

성경으로 세상보기

가치관 혼돈의 시대를 살아가는 그리스도인들이 꼭 읽어야 할 책!

차 한 지음/ 신국판/ 432면/ 15,000원

성경의 눈으로 세상을 보라! 시대의 표적을 분별하는 혜안을 열어 드립니다!

수많은 기독지성인들이 격찬한 화제의 칼럼들!

사회 복권 | 사이버 주식투자 | 굿모닝 시티 | 수해 | 집단자살 | 대환난의 공포 | 포스트월드컵
정치 미녀응원단 | 신사참배 | 테러와의 전쟁 | 노벨상에 부쳐 | 게이트 | 대통령의 아들 | 단일화
문화 하리수 | 동성애가 복음에 미치는 영향 | 글래디에이터 | 친구 | 집으로 | 해리포터 | 매트릭스
종교 귀신유감 | 기(氣)와 건강과 뉴에이지 커넥션 | 도올과 추기경 | 두 가지 장례식 | 사리(舍利) | 여호와의 증인과 수혈거부 | 점성술 **성경** 성경에 나타난 화병 | 성경에 나타난 성장 이상 | 성경 속 수명 이야기 **성경의 무오성** 성경관 | 척스미스 목사님께 드리는 편지 | 척스미스 목사님으로부터의 편지

건강한 삶을 선사하는 도서출판 건생의 책들

성경으로 세상보기
차 한 저/신국판/432면/15,000원

수많은 기독 지성인들이 격찬한 화제의 칼럼들! 21세기 디지털 시대의 기독교 변증서! 우리 시대 우리 주변에 일어나는 크고 작은 일들, 사회·경제·문화·종교에서 일어나는 일들을 성경으로 상고해보는 〈성경으로 세상보기〉는 가치관 혼동 시대를 살아가는 21세기 그리스도인들에게 하나님의 눈 곧 성경진리의 눈으로 세상을 분별하도록 도와줍니다.

생로병사, 그 신비를 벗긴다
이왕재 외 저/신국판/240면/7,000원

'생로병사'는 생명을 선물로 받은 인간에게는 피할 수 없는 과정입니다. 생명과 늙음과 질병과 죽음이라는 인간의 원초적인 문제들에 대해 정확히 아는 것이야말로 가장 커다란 복이 될 것입니다. 여기 우리 삶의 근본이요 숙명인 '생로병사'에 대해 진솔한 얘기를 전해주는 분들이 계십니다. 진정 생로병사에 대해 알고 싶으신 분들을 위해 여러 전문인들의 지혜를 모았습니다.

북한성가극 다비다쿰
신동철 저/신국판/88면/3,000원

신동철 목사의 북한 선교 성가극!
"어느 날 문득 그는 평생 동안 자기 뒤를 따라다니던 한 그림자 속에 숨어 있던 하나님의 음성을 발견합니다. 그러나 눈이 닿지 않는 곳에 숨어서 늘 자기 뒤를 밟고 있는 것만 같이 느껴졌던 수상쩍은 그림자는 바로 자기 자신의 뿌리였고 그 속에서 들려온 하나님의 음성은 다름아닌 자기의 험난한 인생이었습니다." - 본문 중에서-

신토불이 예화집
이종호 편저/신국판/304면/7,000원

이 책에 수록된 이야기들은 흔하게 알려진 이야기나 또는 기존에 출간된 예화집에서는 거의 발견할 수 없는 내용들로 편집되었습니다. 유명한 이야기는 아니지만 작은 사람들의 실속있는 이야기이기도 합니다.
현재 강원도 산골짜기에서 목회를 하고 있는 편저자가 소개하는 향토내음 물씬나는 이야기들을 한 번 맛보십시오.

건 강 한 삶 을 선 사 하 는 도 서 출 판 건 생 의 책 들

기도와 치유
척 스미스 저/신동철 역/신국판/192면/5,000원

본서는 척 스미스 목사의 코스타 메사 갈보리 채플에서 행해진 설교들 가운데 기도와 치유의 주제를 가진 설교를 모은 것입니다. 척 스미스 목사의 오랜 목회 경험과 목회철학을 통해 삶의 여러 가지 억눌림 속에 신음하고 있는 현대인들에게 피상적인 위로나 찰나적인 행복이 아니라 하나님께로부터 오는 참 평강과 기쁨과 치유와 회복의 메시지를 전달해 줄 것입니다.

빛나는 검
콜맨 저/정동수 · 서현정 역/신국판/184면/5,000원

"왕을 위하여!" 이것은 만왕의 왕이요 만주의 주이신 분을 섬기는 왕의 군사들이 악의 세력에 맞서 전쟁을 수행하기 위해 나서면서 외치는 함성입니다. 새로 모집된 군사인 라누스는 순종과 실패와 승리 등에 대해 더 많이 배워야 한다는 것을 발견하게 됩니다. 영적 전쟁에 대해 비유로서 재미있게 엮어진 라누스의 이야기는 사탄과 싸우는 그리스도인의 모습을 생생하게 보여줍니다.

칼빈주의와 알미니안주의 그리고 하나님의 말씀
척 스미스 저/신동철 역/신국판/80면/2,500원

"이 문제들에 있어서 성령의 하나되게 하신 것을 지키기는 쉬운 일이 아닙니다. 그것은 하나님의 주권과 인간의 책임이라는 두 관념이 우리의 유한한 마음 속에서는 결코 만나지 않는 두 평행선의 관계를 이루고 있는 듯이 보이기 때문입니다. 하나님의 길은 '찾지 못할 것'(롬 11:33)이며, 우리는 또 '우리의 명철을 의지하지 말라'(잠 3:5) 하신 말씀을 따르지 않으면 안 됩니다." -본문중에서-

대환난과 교회
척 스미스 저/신동철 역/신국판/80면/3,000원

무게가 34kg씩이나 되는 얼음덩이들이 하늘에서 쏟아져 내려오고 우박을 동반한 폭풍이 휩쓸고간 자리를 상상해 보십시오. 당신은 과연 어디에 숨어서 위험을 피하겠습니까? 때가 닥치면 지구상에 대환난이 오리라는 사실은 성경에 확실하게 나타나 있습니다. "…또 환난이 있으리니 이는 개국 이래로 그 때까지 없던 환난일 것이며 그때에 네 백성 중 무릇 책에 기록된 모든 자가 구원을 얻을 것이라."(단 12:1)

건강한 삶을 선사하는 도서출판 건생의 책들

신앙의 심리학화

척 스미스 감수/밥 휙스트라 저/신동철 역/112면/4,000원

이 시대는 영적으로 매우 큰 혼동에 빠진 시대입니다. 바울은 에베소서에서, 이제는 어린아이와 같이 사람의 궤술과 유혹에 빠져 좋지 못한 교훈들의 바람에 이리저리 밀려다니지 않게 되기를 바란다고 하였습니다. 오늘날 교회 안에서 범람하는 심한 영적 혼동과 잘못된 교훈들의 바람을 극복하고 영적 집의 기초를 하나님의 반석에 둠으로써 어떤 폭풍우에도 끄떡없이 견딜 수 있도록 하는 데 이 책의 의미가 있습니다.

두 가지 목숨

이진학 · 추경은 저/신국판/240면/7,000원

이 책은 그간 이진학 교수 부부를 존재케 한 교회와 병원과 가족에 대한 이야기이다. 1부는 '건강과 생명' 지에 실렸던 신앙에세이와 안디옥교회에서 생활하면서 썼던 것을 모은 것이고, 2부는 서울대학교 병원보에 실었던 글과 의료계 신문에 실렸던 글이며, 3부는 필자가 미국에서 공부하는 동안 온 가족이 북미 대륙을 자동차로 여행한 여행기로, 서울의대 안과 학교실의 동문회보인 '팔각회보'에 실었던 글이다.

팔푼이 행진곡

김종철 저/신국판/335면/6,800원

하나님께서 주신 아내를 자신의 '뼈 중의 뼈요, 살 중의 살'로 알고 누구에게나 그 현숙한 여인과 그 여인을 주신 하나님을 자랑하느라 '팔푼이' 란 별명을 얻은 김종철 교수의 삶과 사랑과 신앙의 향연에 여러분을 초대합니다. 월간〈건강과 생명〉,〈극동방송〉,〈국민일보〉,〈빛과 소금〉,〈기독공보〉,〈의협신보〉등에 방송되거나 게재되었던 김종철 교수의 글들을 모았습니다.

아이 엠 파인 I aM Fine

황수관 외 저/신국판/272면/7,000원

스트레스를 이기는 48가지 지혜! 본서의 1부는 스트레스의 실제를 구체적으로 다루고, 2부는 연령별, 계층별 스트레스를 세분하여 정리하였으며, 3부에서는 스트레스 해소를 위한 기본적인 건강법을 소개하고, 4부에서는 스트레스를 이겨낼 수있는 실제적인 운동법들을 서술하였으며, 5부에서는 열 분들의 개인적인 스트레스 해소법을 제시하였고, 마지막 6부에서는 스트레스의 근본적인 해결책을 제시하였습니다.

건강한 삶을 선사하는 도서출판 건생의 책들

음악이 건강에 미치는 영향
황수관 외 저/신국판/214면/6,000원

음악이 신체를 건강하게 하고 치료까지 한다면 어떨까? 황수관 연세대 의대 교수, 소프라노 이숙희, 가수 한동준 등 다양한 분야의 종사자들이 음악이 우리의 신체 및 정신건강에 어떠한 영향을 미치는지를 구체적으로 보여주고 있습니다. 건강을 위해 들을 수 있는 음악, 그리고 음악이 건강에 미치는 영향, 전문 직업인이 밝히는 음악치료법 등을 이 책에서 만나볼 수 있습니다.

성스러운 성에 성공하자
김종철 저/신국판/224면/7,000원

사랑의 탱크가 점점 고갈되어 가고 있습니다. 감정의 저장고가 바닥을 드러낸지 이미 오래입니다. 가장 고귀하고 순결해야 할 성이 한없이 추락하고 있습니다. 지금이야말로 에덴의 성을 다시 회복해야 할 때입니다. 하나님께서 창조하신 한없는 복으로서의 성을 되찾기 위해 배우자와 자녀를 매일 축복하는 새 풍토와 부부침실에 하나님을 초대하는 운동을 전개해 나가야 겠습니다.

여자는 장수, 남자는 단명
남은우 저/신국판/112면/4,000원

여자가 오래 사는 건강 장수 이유에 대해 생물학적, 영양학적, 보건학적 등의 여러 가지 다양한 학문적인 차원에서의 남녀간의 성적인 차이는 물론 다양한 차이를 발견하여, 여성에게는 더욱 장수할 수 있는 비결을 제시하였고, 남성에게는 왜 여자보다 단명하는지의 이유를 파악하여 남성도 장수할 수 있는 방안을 제시하였습니다. 본서를 통해 장수하는 비결을 얻으시길 바랍니다.

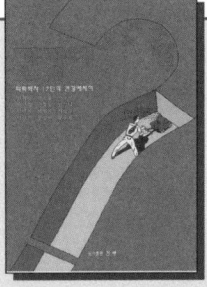

건강에 비결이 있을까?
의학박사 12인의 건강에세이/215면/5,000원

어떻게 살아가는 것이 건강과 생명을 지키고 더욱 고양시키는 비결일까. 건강한 삶을 사는 동시에 영원한 생명을 사모하는 동시대의 건강전문인 12명으로부터 그들의 건강과 장수의 비결을 들어봅니다. 바른 건강과 생명에 대한 건강 가이드 북으로 봄, 여름, 가을, 겨울 4부로 나뉘어 있어 본서는 철따라 여러분의 건강을 지킬 수 있는 유익한 건강 길라잡이가 될 것입니다.

민연속리